21世紀宗教

Religion in the Twenty-first Century

瑪麗·派特·費雪 *Mary Pat Fisher* 著

尤淑雅 譯

史作檉 導讀

總　序

　　今日的有識之士和學生，都需要對當前這個小而複雜的世界，建立整體性的認識。五十年前或許你還不把宗教當一回事。但是，今天我們既已更加精明老練，就當看出宗教和意識型態不單形成了文明，更直接影響到國際事務。因此，值此即將進入廿一世紀之際，這幾本小書針對主要宗教提供了簡明、平衡，極具知識性的導引性介紹，其中一冊還介紹了當前宗教景況的變遷。

　　在今日，我們期望的不只是博學多聞，更盼能由當前這許多南轅北轍且極度複雜的宗教生活與信仰中，得到啓迪。這幾本極具見解且易讀的宗教簡介書，便可以帶你探索各種傳承的豐富內涵——理解它們的歷史、它們的信仰和儀式，同時也抓住它們對現代世界的影響所及。這些書籍是由一組優秀且相當年輕的學者所寫成，他們代表了宗教學術領域裡新一代的作家。這些作者在放眼宗教的政治與歷史性影響之餘，也致力於以一種新鮮而有趣的方式來展現宗教的靈性層面。所以，不管你是只對某一信仰的描述性知識感興趣，還是有心探索其中的屬靈信息，都將會發現這些簡介極具價值。

　　這些書著重的是現代這個時期，因為所有宗教都不可避免地因著過去兩百多年的創傷性經驗，而產生了變化。殖民主義、工業化、國家主義、宗教復興、新宗教、世界戰爭、革命，和社會轉型，豈僅影響到了信仰，更從中擷取了宗教和反宗教的勢力來重塑我們的世界。在過去二十五年裡，現代科技——由波音七四七到全球網路——在在都讓我們這個地球顯得益形微小。就連月亮的魔力都難逃科技的捕捉。

我們也將在這些書裡遇見一些當代的人物，以爲過去這幾百年裡諸多改變的實例。同時，每本書都對宗教的不同向度（其敎導、經文、組織、禮儀和經驗）提供了有價值的洞見。在觸及這些特色時，每冊書都設法爲其做成全面包容性的介紹，以幫助你了解隷屬某一特定信仰所具的意義。正如一美國原住民的諺語所言：「未能設身處地經歷別人的經驗以前，別遽下斷語。」

　　爲了幫助你做此探索之旅，書裡還包括了好些有用的參考輔助。每一本書都收納了一份編年表、地圖、字彙集、節慶表、加註的書單，和索引。精挑細選的圖片提供了宗敎藝術、符號，和當前宗敎儀式的範例。焦點方塊則更進一步的探索了信仰和某些藝術層面間的關係——不論是繪畫、雕刻、建築、文學、舞蹈或音樂。

　　我希望各位會覺得這些介紹既有意思且具啓發性。簡潔應是機智之魂——它也成爲我們初試此一文化與靈性主題介紹時最爲需要的。

加州大學比較宗敎系敎授
尼南·史馬特
Ninian Smart
1998年於聖塔芭芭拉

作者序

在廿一世紀來臨的此刻，我們身處全球宗教文化大融合的時代。我自己本身的故事就是最好的說明。

事情是從美國路易斯安那州開始的，我生長於當地一個信仰基督教衛理公會（Methodist）的家庭。耶穌的福音起初是從中東巴勒斯坦開始向外地傳揚，經過十七個世紀，最後由歐洲拓荒者帶入了美國。在早期移民潮時期，我母親的祖先是從愛爾蘭遷徙來的，我出生時以耶穌母親的名字為受洗的聖名。我們的牧師是一位和藹可親的人，他教導我們許多基督教的道理，他本人樹立了一個謙卑的榜樣。除了參加他主持的主日崇拜，我習慣獨自坐在教堂裡，靜靜地等候見證我不知為何的東西。我也常獨自一人坐在木蘭樹下，靜默欣喜地一坐就是好幾個鐘頭。或許我是在默想吧，不過當時我尚未了解內心修行或者其他的崇拜方式。

接觸到羅馬天主教後，我首次察覺到這個世界的宗教大樹還有其他的枝椏。那似乎是個截然不同的世界，儘管天主教也是以耶穌的生活事蹟與教誨作為基礎。我的祖母改信了天主教。當我們到密蘇里州去探望她的時候，她常歡愉地帶著我到附近的一個修道院去，介紹我認識許多修女以及聖徒的遺物。我十多歲時到歐洲曾看見建築雄偉壯觀的美麗大教堂，如今我再次對羅馬天主教會的神聖與神祕感到敬畏。

正如當時的許多美國人，我也一度背離宗教，一心追求更高的學位、物質的滿足，忙著組建自己的家庭。雖然如此，我們家每到基督教的節日，特別是耶誕節，一定會聚集慶祝。當然由於商業化的緣故，今天耶誕節已經成了環球共襄盛舉的大節日了。

在我三十歲時，我的人生因我經歷到瀕臨死亡的經驗而發生重大的轉變，我渴望追求宗教的心從此熾燃。當時我正在住院，動完手術的復元期間，不料卻發生感染。就在叫不到醫生，而忙碌的護士又不理會我的情況下，為了對抗高燒，我想盡辦法保持非常的安靜，希望我的自體治癒能力能夠克服這個難關。在寂寂不動中，我發覺我並非單獨一人待在病房裡，事實上病房內還有我看不真切的某種東西或者某人充盈著的臨在。祂的本質是絕對的、無條件的愛。那個臨在的氛圍是無以言宣的美麗，我心中希望永遠不要與祂分離。我向祂祈禱：「這個肉體現在屬於祢。無論祢選擇要它生或滅，都由祢決定。但請永遠讓我與祢在一起，請祢讓我服事祢。不過請不要叫我跟我的孩子們分開。」

自此，我加入了新興宗教「求道者」（seekers）的行列。其實我並不知道還有許多人同樣地也在探索精神的意義與目的，但到了一九八〇年代，歐美各地可以找到許許多多我們這樣的人。我尋尋覓覓來到了路德教會，從此跟隨發源地遍及全球的其他許多宗教導師展開靈性的探索研究。單單在新英格蘭州鄉下，我就遇到美洲本地的多位神師，我曾接受一位受教於中歐多位大師的哈西德派猶太教拉比（Hasidic Jewish rabbi）的指點，也接受過曾遠赴印度受教於印度教大師的美國瑜珈老師們的指導，其他的恩師包括受教於來自日本入籍美國的佛教大師；還有伊斯蘭教蘇非派（Sufi）的一位大師——其父親是印度的伊斯蘭教徒，而母親則是在法國長大，在英國接受教育的美國人；此外，還有一位走遍全球各地到處演講的天主教神父；多位俄羅斯東正教會的僧侶；蘇格蘭神祕主義的導師——他們的園園天地如今已成了全球的聚會所；除此之外，我還拜來自韓國的一位道教師父為師。我在為我的教科書《現世的宗教》（Living Religions）蒐集資料的過程

中，住過許多新興宗教運動與舊有宗教信徒的家，以及信仰團體機構。

最後，在我的幼子長大離開家以後，我遇到了我最後一位導師——巴巴‧維薩‧辛赫（Baba Virsa Singh），此人是定居印度的錫克族，是一位高瞻遠矚的人，他和所有宗教信徒與社會各階層的人都能夠溝通。目前我日夜生活在他領導的信仰團體中，志願提供服務。在他的啓發下，每當所有宗教信仰的重大節日來到，我們都會懷著熱忱舉行慶祝活動，並眞摯學習去愛所有的先知。

這個世界有愈來愈多人在生活中接觸到多元宗教，並受其薰陶，我們有必要彼此增進了解，而目前正是時候。在本書中，我將設法勾勒不論新舊宗教目前所受到的衝擊，說明各教派面對新挑戰的方法。過去認爲隨著科技、邏輯或者唯物主義崛起，宗教勢必式微的想法，如今證明並非如此，我們反而看到在廿一世紀即將來臨之際，宗教呈現出蓬勃發展的萬千氣象。在前一個千禧年中，宗教在人們生活中扮演了一個主要角色，而今明確的跡象顯示，宗教再度受到重視，是人類生活與思想的主要基礎。

爲探討當今宗教的複雜特性，本書將從社會學、政治分析、心理學、科學以及宗教史暨宗教現象等觀點加以闡明。因此本書不僅適用於有心研究全球宗教者，還可供各種課程研討，例如有關和平的研究、未來學的研究、爲社會服務或者推動心靈治療者之用。爲兼顧總論與深度分析，本書採用一些雙管齊下的方式舖陳，繼總論之後提供具體實例。本書第一章審度目前所有宗教皆受其影響的現代化與後現代國際化的過程。第二章追溯五大宗教的原始教義及當代的詮釋，同時對當地精神傳統有所著墨。第三章探討新興宗教運動。第四章探討今天各宗教彼此間的關係，包括各信仰間的運動。

我特別要感謝阿南達（G．S．Anand），馬庫斯‧布雷布魯克（Marcus Braybrooke），大衛‧克雷格（David Craig），凱蒂‧佛古頌（Kitty Ferguson），瑪莉安‧費雪（Marianne Fisher），維吉妮亞‧霍金斯（Virginia Hawkins），查茨瑪恩‧卡比爾辛哈（Chatsumarn Kabilsingh），莎拉‧史考特（Sarah Scott）及馬杜里‧桑坦納‧松迪（Madhuri Santanam Sondhi）等人協助蒐集資料。此外，長期支持鼓勵我的主編，倫敦 Calmann & King 出版社的梅蓮‧懷特（Melanie White），幫我彙整這些資料，在此特別誌謝。

　　我祝禱這本小書能使身處這個多元文化世界中的我們，加深對他人觀點的理解及敏感度。我更祈願本書能使我們與「終極實相」（ultimate reality）有更為緊密的連繫，不論我們循那一條路徑達到這個終極目標。

瑪麗‧派特‧費雪
Mary Pat Fisher
1998．7

導　讀

　　人類尋求宗教信仰或對宗教信仰之要求在人類歷史上是一件從來未曾停止過的事。不論在哲學、科學、藝術，乃至一般經驗或習俗中，曾出現過多少對宗教信仰懷疑、批評，甚至是否定的聲浪，但實際上，人類尋求宗教信仰的這種歷史性現象，時至今日，卻從未曾稍改。所以，宗教信仰一事，不論對於宗教本身，或對於整個人類歷史來說，都是永遠值得我們深切加以探討的人類學問題。

　　一般言，時至近代，整個人類文明在強勢西方文明的主導下，對我們早已習慣的宗教信仰，確實形成了前所未有的衝激，甚至是危機。諸如伽利略（Galileo）的物理學，刻卜勒（Kepler）的天文學，或工業革命後大規模商業城市之興起，馬克思（Marx）的社會主義，達爾文（Darwin）的進化論，乃至尼采（Nietzsche）的超人哲學，佛洛依德（Frued）的深度心理學，等等，使得不知多少知識份子或群眾，在強大的理性思潮及進步的現實社會所關注下，視宗教如草芥，棄之如敝屣，但這樣是否就會置宗教於死地並萬劫不復呢？三百年下來，其結果早已清楚地告知我們，其情況並非如此。尤其到了二十世紀中期以後，由於高級知識份子或哲學家對高科技的城市文明及工具理性的強烈質疑（如 Frankfurt School 法蘭克福學派），舊宗教之人文再建（如 Systematic Theology 系統神學），乃至各新興教派的成立及對新宗教強烈探求的意願的產生，使我們不得不清楚地感覺到：似乎不但宗教信仰對整個人類的存在來說，乃一不可或缺之物，甚至如果我們真能以一種巨觀世界的觀點，來看整個人類文明與宗教

間的關係，而不限於某一時段，某一理論或某一教派間的窠臼意義，我們就會發現，如果宗教信仰乃人類生存或其文明間的一種必須，那麼就此我們便可以說，一切反宗教或宗教以外的文明，事實上，在整個人類文明中，很可能只是人類追求宗教歷程中的一種某程度的觀念性之轉移，並不足以說明宗教本身的敗落或徹底被否定的命運。甚至儘管宗教文明和其他文明比較起來是那麼的不同或具有巨大之差異（如宗教與科學間之差異）。其實說起來，我之所以會有這樣的想法，並認為在人類文明中確實有這種「觀念性轉移」之事，正有兩種歷史性之指標以為其基礎。

一、 所謂巨觀，其中有二重意義：

1.不範圍在宗教領域之內看宗教，而是以整個人類文明及其存在的事實來看宗教。

2.既然要以整個人類文明來看宗教，那麼對於人類文明本身來說，也不能範圍在文字後的有限發展來看人類文明，而是要將文字前的原始一併包括在內來看人類文明，並兼及其宗教的發展。

既然以連原始文明也包括在內之整體性的人類文明方式來看宗教的問題，那麼，同樣地，關於宗教本身也就不能只範圍在我們所熟悉的文字後的人文性所概括在五大宗教之內，換句話說，由於原始文明的參與其間，使得我們對宗教的探討，不能不涉及於我們所熟悉的人文宗教的原始性起源或其基礎探討的問題。

我們知道，所謂原始宗教，其所指即巫術與神話。大約盛行在紀元前五千年前，或一直延伸到紀元前一千年間。換言之，亦即自石器時代至陶器時代之間，或即文字之圖形表達時期。所謂圖形表達，最早可溯至洞窟文明時代，不過，主要還是以新石器時代之圖騰、陶紋以及文字前之圖畫文字為主。於此期間的文

明，可以巫術與神話為代表。至於巫術與神話之間的關係，一如神話與宗教之間的關係，至今很難嚴格地劃分其間的界限，姑且而論之，可做如下之說明：

1. 巫術是原始部落時期之一種因實際生活需要而有的生活性儀式。
2. 神話若與巫術相比，則較具抽象或象徵性之故事描述，如創世神話等。
3. 宗教若與神話相比，則為一更具系統或組織性的原始崇拜。

無論如何，從這兒我們可以很明顯地得知，人類最早的文明就是一種巫術文明，其中可有五種生活性之要領：

1. 藥食
2. 符咒
3. 醫病
4. 祖靈
5. 通靈

其中最具代表性者，即是通靈一事。或其他四者亦多與通靈相關。

所謂通靈，從表面上看，它是一種既神祕而又落伍的近民俗的文明。不過，假如我們真能以原始看原始的方式，把握其文明產生的基本結構，而不被其神祕或迷信的內容所惑，我們就會發現，巫術雖然是人類最早的粗糙的文明，但它同樣也含有刺激人類文明發展的三個基本要素：

1. 每當人類在其周遭生存的現實環境中遭遇某種困境或疑難的時候，就是促成人類文明發生及進展的時候。反之，如果在人類生存的環境中，人類並不會發現困難並尋求其解決之道，那

麼，人類就會像其他動物一樣順自然而生滅之，那也就全無人類文明可言了。

　　2.人類為了解決現實中所遭遇的難題，以其大想像的能力，在哲學與科學均未成立之時期，時常將現實世界向上推，一直到達一神祕不可知的超越之理想世界，然後從現實與理想之間的溝通，以解決其於現實世界中所遭遇的困境。

　　3.理想與現實之間的溝通，往往不容易做到，更不是人人均可為之，於是乃由巫師以各種儀式性的法術溝通於理想與現實，或祖靈與現實之間，以解決其現實所遭遇的困境。由此可知，所謂促進人類文明的三要素，以原始之方式而言，即：現實、靈界及儀式。若就一般文明之發展而言，即：理想、現實及溝通於現實與理想間之某合理或不合理的方式。但，所謂理想，如靈界、上天、上帝、神、道、絕對，等等，均非人類所可直接涉及，全知全解，或可徹底掠獲之物，於此情形下，所謂人類文明或其歷史，實際上，已成為人類依據其所遭遇的不同工具發展之現實社會(如石器、陶器或文字等)，在高超理想的設定下，為解決其所遭遇的難題，而完成其介於理想與現實間，或更趨近於理想最大可能之儀式發展史。只是此一介於原始、人文間之儀式發展史，到了紀元前一千年左右，在整個人類文明發展史中，發生了極大的變化，同時這也就是我們在前面所言了解人類文明與宗教間之根本關係，所必涉及的第二個歷史性指標。

　　二、於文字的發生，將原始文明與人文文明間，劃分成兩個完全不同的文明領域，時間約在紀元前二千到紀元前一千五百年之間。同時人類文明史中，最偉大之可記錄之神話，也完成在此一時期之中。諸如埃及的太陽神頌，希臘的荷馬(Homer)神話，印度的印陀羅(Indra)神崇拜等。至於文字，則分屬為地中

海沿岸的拼音文字與我國的象形文字兩大系統。從此以後，一般言，人類文明已離開了原始性巫術及神話的時代，進入於文字性高技術發展的城市文明時期。同時這也就是我們所熟悉的人文宗教、哲學與古典文明發展成形的時代，其中心發展的時期約在紀元前五百年到紀元後五百年間。

現在我們列舉幾個人類文明史中實際的例子，就可以概括地了解原始神話與人文宗教間，或人文宗教和哲學發展間的一些基本性狀況或意義：

1.在中國，可記錄的神話傳說，以儒家言，通通集中在紀元前二千五百年頃之堯舜之傳說時代，後來由周公集其大成，而成為一種「天命」的宗教觀；在至紀元前五百年頃，方由孔子發展成一種人文社會合理化而注重「仁德」的哲學系統。至於宗教或神話在中國並不發達，復至於漢後，方由佛教之傳入，乃形成佛教與本土性的道教兩種宗教的發展。

2.在印度，其情況與中國則完全不同。或由於地理環境的關係，使得印度文明成為一種徹底的宗教文明。自 Vedas（四吠陀）到奧義書，可說是自原始神話進入宗教時期，其間以主張大梵天的印度教為主。時間約在紀元前二千年到紀元前一千年間。其後哲學也逐漸發達（Vedanta 吠陀哲學等）。至於紀元前五百年頃，其宗教乃進入於比原始自然更具人文性主張「苦集滅道」的佛教時期。不過，在印度，其信仰以傳統性的印度教為主。

3.希臘文明可說是人類文明中，其神話、宗教與哲學同樣發達的文明，不過，仍以紀元前五百年頃之哲學時代以為其文明之大的分界線。換言之，於蘇格拉底以前，仍以荷馬神話為其文明之中心。

4.以色列文化可以說是人類宗教文明之一個相當特殊的例

子，這恐怕與以色列民族的特殊民族性有關。其宗敎之發展，也可分爲兩個大的階段。自摩西至施洗約翰爲一時期。自耶穌以後則又爲一時期。此亦即猶太敎與基督宗敎兩大宗敎之來源，或者也可以舊、新約聖經爲分界。

5.埃及亦是一神話發達的國家，自紀元前五千年至紀元前一千年頃之 Aknaton 王朝可說已達其最高峰，於此期間可說是以原始自然爲背景下神話與宗敎合一的多神敎。至於紀元後，則已逐漸成爲信奉回敎之民族。

6.人類的重要宗敎之中，伊斯蘭敎可說是成立最晚的宗敎，與其他重要宗敎相比，時間可相差千年之久，是以它乃一文字後人文性的統合宗敎，如其源自基督宗敎者即一例證，其他則屬阿拉伯民族之特色，如其特殊的祈禱方式即其一例。

總括以上所言，關於人類宗敎文明之發展，可得以下二要領：

1.人類宗敎的發展可分爲兩個大的領域，一屬以原始的自然背景而有的原始自然的宗敎，一屬以人文性城市文明爲背景而有的人文性宗敎。此二者間的分別關鍵，即在於文字的發明。文字以前者，爲原始自然宗敎，文字以後者，爲人文宗敎。

2.一般爲人所熟悉的宗敎均爲人文宗敎，但人文宗敎發生的時期，亦即人類文明中古典哲學發生之時。約在紀元前五百年頃。既然哲學與人文宗敎發生在同一時期，而且又通通來自於文字前之原始自然性之神話或宗敎。那麼，於此我們急需要問的是，究竟此三者之間的關係如何？

由於文字之發明，人類要保持以原始自然爲背景的原巫術與神話文明已成爲不可能之事。所以，人類爲迎合因文字而帶來的高技術城市文明的快速發展，不能不捨棄具有高神祕性的原始神

話文明，而進入於高精確度的哲學乃至人文宗教的時代。本來不論出現在紀元前五世紀頃之古典哲學或人文宗教，通通來自於原始自然的神話文明，其所以會有所不同，乃由於哲學乃一去除原始的神祕，但求早期人文的最大合理之可知而有的思考系統。如我國的孔、老，希臘的蘇格拉底前後期的哲學均是。反之，所謂人文宗教，原則上它保留了原始自然神話或宗教的神祕性，只是爲了迎合大規模高科技城市文明之發展，在宗教性的儀式上進行了同樣大規模之合理性之改革。如佛教或新約以後的基督宗教就是最好的例證。或佛教之不同於印度教，新約之不同於舊約，在在都說明了它爲了人文之異於原始的需要，不論在更具系統組織的崇拜儀式，或合理性教義之大規模的增加上，都呈現了劃時代的文字性改革。

在今天，我們面對了這兩種同樣自原始自然的神話世界蛻變而來的文字性人文風潮：一屬哲學，一屬人文宗教，同時，它們也是影響後來兩千年人文文明的中心性的力量者。我們想想看，如果我們也要追求屬於我們自身的「生命」與某程度的「眞理」，是否也要有所認眞而正確的選擇？同時，我們爲了果能有所正確的選擇，是否也要有所正確的批評性了解？而我所謂正確的批評性了解，並非他者，即我在前面所言巨觀性的文明探討的觀點。此亦即言，如果我們眞能以一巨觀的整體性人類文明方式，來探討出現在人類文明之內的某一種文明，同時更不會被人類文明中某一既有的文明方式所累，那就是說，我們不能過份注意某一文明以文字之方式所表現的內容，而更要找出某一文明內容所據以如此表達之基礎性的結構模式來，才算是完成了一種具有巨觀式之有關「人類文明」的基礎性了解。

比如說，如果「尊重他人」爲人類文明之一種基礎性之模

式，那麼，於某一地區以何方式來呈現其「尊重他人」的要求，並不是最重要的事，其要者，在於其文明中是否有此「要求」。

諸如此類。

同理，當我們以一巨觀性之整體人類文明的觀點，來看顧人類文明中每一個別文明，同時又不會被其區域性之個別內容所限制時，我們將會出乎意料地發現，不論人類文明在不同時期或區域已有了怎樣變化多端之內容表達，但那一隱藏在此一不同內容背後之基礎性的結構卻從來都不曾改變過，甚至不論在人文文明，還是原始文明，乃至人類最早期的巫術文明，其文明表達之基礎性的根本結構通通都是依樣的，或正如我們在前面所提示之巫術中通靈之表現者然，即：

人類為了解決其現實世界中所遭遇之困境，常以其大想像之能力，完成一相對於現實世界之超越性之理想設定，然後再在理想與現實間求得一近理想之最大可能之中間性操作過程，並謀現實問題之解決。

由此可知，人類於其文明中，介於現實與理想之間，實際所獲得者，並非絕對性理想之截然的獲致，亦非現實問題的徹底解決，反之，它是介於現實與理想間，稍近理想之中間性操作過程。若以原始時期而言，其文明若以巫術、神話或原始宗教為主。那麼此一介於現實與理想間之近理想並溝通其間之中間性的操作過程，即一神祕性的宗教儀式，或一如巫術中通靈者所為者然。反之，若在人文時期，其以異於原始的自然背景，而以文字為背景，所完成之此一中間性的操作過程者，即其理論或哲學的存在。而此一人文世界中，文字性的理論系統或哲學，若與原始自然的神祕儀式而比，即一如我們在前面所言，乃一觀念性之轉移系統。而所謂「觀念之轉移」，即指將原始自然而神祕的世界

降低一個層次，而有的文字性之觀念的文明表達系統。若具體言之，即去除原始自然的神祕性，以文字技術，在城市文明中，爲適應或解決城市文明的需要與難題，所完成之一種「合理化」的表達系統。如城市文明中的法律、道德規範或哲學等均是。

明瞭於此，我們再來看文字性城市文明中的人文宗教者，剛好是介於原始與人文間的一種統合性的人文表達。它一方面保留了原始自然的神祕世界，另一方面又以更富組織系統的儀式與教義，彌補原始的不足，同時又可迎合文字性人文世界的所需。所以說，人文宗教在人文世界中所帶來之深遠影響，至今亦未曾稍衰，是有其原因存在的。但，在另一方面，人文宗教成立的同時，也是哲學發生的時代，尤其是繼哲學自文藝復興後，快速發展之科學，它們以文字技術或純符號表達所形成之客觀性高之合理表達，其說服力與衝激性，對人文宗教而言，幾乎可說是一致命的打擊。但，於此情形下，除非哲學或科學果能可以解決所有人類在現實社會中所遭遇的難題，否則，人文宗教存在的實際意義仍舊不是哲學或科學所完全可否定的了。更何況不論哲學或科學在客觀形式性的表達，建立起多麼輝煌的成果，到今天爲止，我們已經看得很清楚，所有這些以文字或抽象符號所完成的客觀形式性的技術表達，於其終極上，不可能不面臨以下兩種必然的缺失，此即：

1.必有所不知。

2.所知必有所矛盾。

如康德「自體」的知而不盡之論，哥特爾之「完備而不一致，一致而不完備」之論，在在都說明了人類文明中，一切形式客觀之論所必遭遇之三大特色，此即：

1.設定性

2.不定性

3.矛盾性

這樣一來，一切人文世界中之哲學或科學的形式而客觀的表達，於其終極上，如果無法眞實地對一切存在性的整體物、超越物、自體物、純粹自然物等，獲致一絕對性客觀眞理，那麼，儘管哲學或科學在方法或形式上，對宗教、人文宗教或原始文明進行了無情，甚至是毀滅性的打擊，但在超出文字性人文或城市文明以外的人與大自然宇宙實質存在性之關連上，無論如何就在那不爲人所眞知並充滿神祕的世界中，仍爲宗教或人文宗教預留了相當大的存在空間。

其實，其中原因並不難了解。或一如前面所言的「結構」而言，人類所面對者，現實而已。若現實可解，即一切盡解，而不再有何理想的設定，如不可能，即理想的設定爲必然，甚至整個人類文明史，即一部理想的設定史。同理，若理想本身亦未可眞盡，而只有中間性的操作過程，那就等於說明了於人類文明中，必有所不爲人所眞知全解之神祕角落的存在了。同時，在另一方面，也正因爲人類文明中必有所神祕的存在，才說明了那一不止中間性操作過程之眞理性歷史的進行。所以說，整個人類文明，數千數萬年來，人類之於大自然的宇宙中，爲了生存所進行之基礎或實質性的根本結構從來都不曾改變過，改變的只不過是由於不同時代，於不同地區，操作不同工具而有的呈現「方式」罷了。但萬餘年來，包括原始與人文，於人類文明中所完成的方式，實際上，也只不過兩種基本方式而已。文字以前的原始文明，基本上其所呈現的方式即一種宗教性的「儀式」，所以我們可以稱之爲儀式文明。反之，文字以後的人文文明，基本上其所呈現的方式即一種人文性的「理論」，所以我們可以稱的爲理論

文明。不過，於此我們一定要弄清楚的，即所謂「理論文明」，果如前所述，乃將原始自然之神祕的絕對性降低一個層次，以文字技術所完成的一種觀念性之轉移，那麼，那就等於說，並不是文字性人文文明中的哲學或科學，眞正把「神祕」去除或解決了，反之，它只是暫時將「神祕」置之一旁，以完成其表面形式上的合理表達系統罷了。關於這種情形，我們不但可以從康德（Kant）、黑格爾（Hegel），乃至尼采（Nietzsche）之形上學背後得到強烈之暗示，同樣我們也可以從康托爾（Cantor 數學家）、維根斯坦（Wittgenstein），乃至愛因斯坦（Einstein）之數學、邏輯或物理學思想背後之心靈的深度，找到了似乎人類永遠都無法抹煞之宗敎性的尋求與暗示。

由此可知，人類文明，包括原始及人文，雖然從表面上看來，呈現爲兩種完全不同之文明型態：一屬儀式，一屬理論，但若就其存在的實質而言，則一屬明示的儀式，一屬隱含的儀式罷了。更進一步言，即均爲儀式而已。頂多在紀元前二千年前，文字性技術加工之文明並不發達，一切均任憑純自然性的聲音與圖形而加以表達，其結果即一種當時的儀式與理論混同的文明，亦即只有儀式而已。但紀元前二千年後，於王國或城市文明中，由於文字的發明，使得文字技術加工的文明，成爲完全獨立於原始自然文明以外之物，或原始自然的儀式文明已成爲文字性城市文明的隱含，於是由於城市生活實際上的方便與文字工具的優越性，我們就棄原始於落後之地，以其看來已非儀式之理論性的文明生活。但於此我們必須要仔細地想想看，就算是我們以一合理化之要求，而將一切原始落後的神祕儀式，都予以消除掉了，事實上，是否我們只不過將原來的一個大儀式，化做了千萬個小的文明儀式，技術性地在我們每天的生活中來加以執行，而我們自

己都曖昧無所自知，以爲在過一種徹底擺脫了儀式存在的徹底合理化的生活？

比如說，在城市文明中，我們每天早上起來，一定要用某一種牌子之牙膏來刷牙才行，否則我們整天就會覺得不舒服。這是不是也是一種儀式？

再如，我們以各種合理之方式所建立之知識背後，除了「我如是而知……」或「我如是而判斷……」之外，是否仍隱藏一「我如是而相信……」之前提，才使得那些我們認爲合理的知識，果然而成就爲一合理之知識？

或所有我們所以爲合理之知識，是否由一永遠都無法以「合理」而眞解之屬人本身之存在設定推演而完成？

或所謂「合理」是否只是一種城市文明中，行之而有效之形式性的規範或模式而已？

更何況不論此一合理性的理論文明多麼盛行，於都市中同時興起的人文宗教，也一樣地於地球上盛行而無阻？

再加上那種遍行在低層知識或社會中，同樣原始般的民俗宗教，不論合理性的人文文明多麼發達，它依舊在它固有的角落裡，漫漫隱行而無誤？

我之這樣說，絕不在低估人文之價值及對人類所帶來的福祉，同樣，我也絕不在過度稱頌原始自然的偉大，反之，我主要的意思是說，當我們眞正有能力以一種巨觀整體的方式來看人類文明發展的時候，我們就會發現，不論人類文明已發展到多麼花樣翻新的程度，甚至氾濫到離它原本理想的設定在甚遠之地，不過，人類文明總不致發展到被其所創物所徹底的反控，以至於達到茫然被自身所創物所毀滅的程度。因爲在文明之夾縫中，正不知有多少眞正的藝術家、宗教家、哲學家、科學家，不時地向我

們提出他偉大喚醒之驚語，叫人深深地了解，人類文明的創生不是為了毀滅，而是為了將人類存在中，有關生活與生命中之所有可能的問題，一併予以提升般地解決。因之，於文明創造之背後，都必有一種不可思議的祈願，驚奇與無限久遠之瞻視性。其實，這就是一種儀式，或一種儀式的隱含。如果說，在人類文明中，一旦缺少了這種自原始時代既已存有之基礎性的儀式精神，事實上，也就談不上什麼偉大而具有「真實」意義的知識或文明了。也許在人類文明發展的過程中，由於工具的發達，所必形成的高技術及其加工的程序過份繁複，使人不由地會迷失其中，而將其原本存有的儀式精神完全予以忘卻，但也正因此，當更多的人迷失在高科技加工的程序文明之當兒，就必有更多的藝術家、宗教家、哲學家、科學家，共同提出了他們對世人之驚覺性的喚醒，並在尋求一種普世宗教的可能。

其實，所謂普世，就是有所共同，有所共通。而所謂共同與共通不只是在不同時代，不同地區，不同文明或宗教中，以求其共同與共通，而更要將整個人類之個別文明，納入同一個人類從未曾有過之龐大的儀式結構，並將此一人類文明之大花，貢獻在大自然宇宙之上上之神的面前，以完成人類從未有過之偉大的宗教意願。

所謂宗教，實質上，就是一種儀式，離開儀式，幾乎無宗教可言。而儀式，就是一種意願，一種祈願，一種象徵或一種原始自然般之大想像的空間，然後在一種不可思議之跡近神祕的範圍中，將人提昇至一現實與理想兩相縫合之肅穆無比的世界中，使人所遭遇的一切現實的困境消失於無形。然後我們聆聽並歌唱，並接受一切來自於上天與大地的洗禮與祝福。

人類不是「絕對」的掠獲者，是以人必有所祈願。同樣，真

宗教也必伴隨大知識大了解之進行，本來宗教之發生與信仰「一種」宗教並非同一件事，只是當那一天到來的日子裡，我們將化同一切，如上所言，將整個人類文明本身，當做人於自然宇宙中所創生的一朵大的文明之花，然後再奉獻給那一我們永遠都無法真知的大自然宇宙之上上之神的面前。也許這純屬一種個人的意願或經驗，並具有一種宗教所必備之神祕的儀式性質，或也無法得到一切在文字世界中，尋求高技術合理化文明者之信服，但我相信，只要人有能力以他巨觀的眼睛，果然看到了整個人類的存在及整體人類文明的誕生，而不被任何個別窠臼所限制，都必將以同一儀式的祈願，奔向同一人類宗教性的前途。

　　我以此意願而讀此書，並相信，由於此書敘述之清晰條理與其內容的客觀而深具多樣性，使得所有想要了解宗教並尋求宗教信仰的人，必能從此書中得到良好的參考與指引。

史作檉
1999.11.1
於新竹

目　錄

全球性發展 *Global Processes*

值此廿一世紀曙光乍現之際，世界宗教現況究竟如何？未來又將朝向那一方向發展？這些問題的答案有點像印度古老寓言「瞎子摸象」的故事。因為每個瞎子接觸到大象的部位不同，各自領會到的答案也就不一樣。抱到象腿的人形容「大象」像根柱子。摸到象鼻的人說大象像樹枝，摸到象耳的人堅稱大象像把扇子，另一個抓到象尾巴的人堅持大象像根粗繩子。而觸摸到象肚腹的則辯駁大象像一面牆壁，最後摸到象牙的人說，大家都錯了，大象像一支矛。

同樣的，今天人們如果想從單一的觀點來掌握說明宗教，對當今宗教現況的描繪必然南轅北轍，對宗教的未來發展方向也會有截然不同的揣測。斯里蘭卡的國民，或者一度稱為南斯拉夫的國民，很可能指稱宗教終必導致不同信仰的信徒彼此間致命的衝突。但身在賭城拉斯維加斯鬧市的過客，可能的感受卻是在當代生活中宗教是無關緊要的，唯有消費才能引起他們的興趣，只有金錢才是無價至寶。而在科學研究機構從事研究的人，則很可能

斷定今日只有自欺、無知的人才會服膺宗教。其實關於實相的本質，真正的答案只能透過經驗法則尋求。相形之下，一個與開放的猶太教會堂或由天主教修女經管的「仁愛之家」有接觸的人，可能會斷言宗教與當代生活息息相關，宗教愈來愈褪去牧首制色彩，愈來愈注重社會問題。但是對足不出戶的阿富汗婦女來說，她可能不以為然，她的生活經驗告訴她，宗教對社會活動的限制頗多，特別是對婦女而言。在芝加哥的宗教交流會議中，一個與印度教、伊斯蘭教、基督宗教、佛教、猶太教、錫克教以及原住民宗教信徒手牽手的人，則意味著，各宗教舊有牢不可破的界線正趨軟化，各種宗教彼此發揮合作精神的新時代已然來臨。

我們退後一步從整個世界審視，可以看到上述一切分歧的趨勢正是當今全球宗教現貌，我們可以合理的臆測：在未來，上述現象有許多還會繼續下去，但同時，這個世界仍有其共同經歷的過程，所有的宗教皆受此影響。這些互相牴觸的因素——**現代化**（modernization）、**全球化**（globalization）、排他主義、人道主義以及後現代主義——大體上將在廿一世紀初葉，對宗教的塑造發揮一定的影響力。

現代化

宗教不可能存在虛空之中，它必定紮根於社會。近數百年來，西方社會的生活面貌，部分地區經由現代化的過程迅速地複雜化。自十六世紀開始以來，先是西歐，緊接著是北美，一直執現代化運動之牛耳，在因各種經濟壓力激發的仿傚下，所有宗教也籠罩在這個加速發展的趨勢下。在此過程中，每一個社會結構都不免變形。這個巨變的典型特徵是什麼呢？製造業或說是商品生產科技的進步促使鄉村人口大量遷移到城市。當然，與此同

時，配合四季運作的農業逐漸式微，代之而起的是工業勞動。國家的政治控制傾向於中央集權，而非地區分權。掌權階層多半是受過高等教育、學有專精的中產階級。就廣義而言，個人與官僚之間形成了新的關係，傳統文化與家庭取向的型態愈來愈淡薄。這些趨勢導致人們對這個世界產生新的思維，從而出現新的行為模式。這些變化不可謂不大。一九○○年時，全球人口只有九％居住在城市，但到了邁入廿一世紀時，全球將有一半以上的人口是定居在都市。

過去宗教在社會中扮演主要的角色，如今有人說，現代化過程使得宗教的社會地位淪為非主流的特殊角色。在現今國家中，政治學、經濟學、社會政策與教育，都不再受宗教價值左右。例如在美國，憲法明令政教分離政策，藉以保障信徒的權利不會因多元信仰而受到削弱。個人抉擇有時需與大多數人的需要取得平衡，但仍較傳統方式與傳統權威優先考量。宗教信仰是主觀的抉擇，而非由法律決定，多數人致力追求的目標是物質的成功。有人認為，抽離了宗教及現代工業化的文化背景，在道德問題方面顯得模稜兩可；這一派人士還認為，在商業廣告的鼓勵下，人們有超過其本身基本需求的過度消費傾向，此外，隨著傳統規範的瓦解，尊老敬賢與家庭結構起了根本的變化。

其中一個思想學派甚至認為，現代化使得貧富差距益形擴大。實施資本主義的結果是貧者愈貧，富者愈富，導致失業率升高，對前途感到猶疑不安，人與人之間疏離感增強。其實，我們不能抹殺現代都市存在的積極面向——活力充沛的多元化發展，富於文化的生活，許多人在其間獲得經濟優勢；不過，也有人認為，就精神層面而言，不免損失慘重。

全球化

　　另一個相關的過程是全球呈現「緊縮」現象，地球上各個角落的人們彼此間的連繫愈趨密切。隨著旅遊業蓬勃發展與通訊科技的進步，各文化間的地理距離已經不成問題，全球各地更因國際經濟的發展，彼此關係益形緊密，全球資本像閃電般快速流動，四處找尋有利差的匯率，跨國公司，到世界各地尋找廉價勞工。這些跨國公司——其中大多數在海外交易的比率占其總貿易額的半數以上——掌控的資金占全球總資本額整整三分之一，操控在他們手中的貿易額占全球總數七成之多。全球務農人口遞減，工匠愈來愈少，但單只為當地消費而製造實用器具。絕大多數地區都被納入空前的國際自由貿易與幣值制度之下。

■宗教拓展

　　與此同時，全球化的腳步使得各地文化出現前所未有的大融合景象，大規模跨國界的人口遷移活動即是一例。幾世紀以來，離開故鄉到別的地方屯墾殖民的人數有增無減，這些遷徙人口要不是為了尋求改善自身經濟的機會，就是為了逃難避禍，當舊有結構一旦崩解，人們便奮力的想建立新的結構。

　　據估計，迄今已有兩百萬伊斯蘭教徒從東歐、中東、非洲、亞洲以及加勒比海遷居美國，目前單只在芝加哥一個城市便有五十座伊斯蘭教清真寺。加拿大的多倫多如今已成了近十萬名印度錫克教徒的新家園。其中許多是旁遮普省（Punjab）人，他們之所以離鄉背井，是因為西元一九四七年印度教徒與伊斯蘭教徒政治瓜分造成的不幸結果，當時有不下四百萬的錫克教徒頓時流離失所。錫克教徒無論遷居何處——從肯亞、新加坡、英格蘭乃至加拿大——他們都融入當地人的生活，但同時力圖維持他們本身

的文化傳統特色，如興建錫克教寺廟（gurdwaras）、依然穿著他們的傳統服裝等。在他們大遷徙之後經歷數代直到今天，還是有許多旅居海外的錫克教徒自覺在政治上、宗教上均與留在印度旁遮普省故鄉的錫克族人一脈相承。

除了人口大量遷移的因素，傳教士向外廣揚教義也是原因。基督徒的傳教士長期在全球各地宣教，為窮人服務及宣講耶穌的福音。然而，基督宗教雖已遍及大多數國家，信眾數目居所有宗教之冠，但如今卻出現一種現象，不同的基督教派彼此互相競爭拉攏人們改宗。西元一九九○年代初期，共黨統治的前蘇聯分崩離析之後，新教的基督福音傳道者的包機便一批批地湧入俄羅斯分發聖經，令俄羅斯東正教會的教士好不尷尬，因為他們覺得俄國向來是他們的地盤。

具有領袖魅力、雲遊四海的宗教導師，例如自我實現團契（參閱第二章第二篇的專題特寫）的帕拉瑪漢薩・尤嘉南達（Paramahansa Yogananda），以及禮讚克里希納教派（Hare Krishna movement）（請參閱第三章特別介紹篇）的巴克提維丹塔・史瓦米・普拉胡帕達（Bhaktivedanta Swami Prabhupada），在其他國家吸引了相當的信眾。這兩位導師都是從印度來到美國，經由他們的傳揚，印度教信仰與修行方法備受西方人士矚目。西元一九七○年代，史瓦米・普拉胡帕達成立了克里希納教派信眾國際組織，名為國際克里希納意識學會（International Society for Krishna Consciousness），簡稱 ISKCON，其信徒穿著印度服裝，出現在購物商店、停車場、美國各地機場等地，向路人分發印度教經句譯本，吸收了不少新信眾。

全球化的立即影響是，各種宗教文化不再孤立，彼此互不干涉。人的處境也不再只受單一宗教信仰的影響。過去生活在與世

隔絕的西藏高山喇嘛寺廟裡的藏佛僧侶，如今散居全球各地，美國新墨西哥州內許多工廠工人便與這些西藏來的佛教僧侶毗鄰而居。一向篤信天主教的南美洲，如今許多人改信基督新教。即使在倫敦，也不難聽到從清真寺塔樓播放出來，提醒伊斯蘭教徒定時膜拜禱告的召喚。而在英國當地，更常見到彫刻精美的印度教寺廟四處興建。在美國，許多基督教會與神學院已被改成印度教與佛教的冥想活動中心。北美傳統上供淨化心靈之用的蒸汽木屋（swat lodge），美國人如今趨之若鶩，紛紛在自家後院蓋起蒸汽木屋來。

　　各式各樣宗教到處拓展並速度加快的現象，哈佛大學多元現象研究計畫主任黛安娜‧艾克（Diana Eck）教授形容為「新地緣宗教實相」。艾克女士針對全球嶄新且豐富多彩的各種宗教雜處現象，作了許多當代實例紀錄，包括推出一項多面向的光碟計畫，記載美國境內宗教的多元面貌。她總結說：

　　　　古文明與文化相互滲透與毗鄰的現象，正是二十世紀末的標誌。這是嶄新地緣宗教實相。吾人現居的世界地圖，無法以色彩圖釘標明這是基督徒的、伊斯蘭徒的及印度教徒的勢力範圍；全球各地到處呈現所有宗教夾雜的景象。①

■地球村

　　今天即使不出外旅行，生活於全球不同地域的人們，依然能夠便利地以電話、傳真機或電腦網路彼此聯絡溝通。在此二十世紀末，人們常提到**地球村**（global village）這個名詞──意指這個地球因電訊發達而聯繫成一個大社區。網際網路是西元一九九〇

年才出現，不到幾年，在電腦上交談討論各種議題，組成新網路「虛擬社區」（virtual communties）的人口已達數百萬之多；新興的虛擬社區顯然超越了傳統按地理位置劃分的國際社會。

所有的通訊科技都在不斷拓展。衛星環繞地球軌道運轉，將電視節目直接傳送到遙遠的地方。國際書籍銷售數量與日俱增，翻譯書的數目有增無減。中國的經典著作老子的《道德經》（*Tao te Ching*），直到二十世紀以前還鮮為東亞以外的人所知。然而在近數十年間，《道德經》已被譯成多國文字，數量之多僅次於基督教聖經。此外，利用通訊刊物、錄音帶與錄影帶等傳播工具，可以廣泛傳遞訊息到遙遠的地區。

經由這些途徑，這些新趨勢非常迅速地拓展。在過去，釋迦牟尼的佛教教義從印度傳到日本，其間經過一千年，而今美國的「身心」醫生狄帕克‧卓普拉（Deepak Chopra）於西元一九九四年出版的《心神圓滿的七法則》（*The Seven Laws of Spiritual Success*），短短三年之內即譯成三十種文字，行銷全球各地。此外，卓普拉透過其他書籍、錄音帶以及研討會等方式宣揚他的理念，他每天接獲來自數十個國家的人寫給他的上百封信件。他設立通訊刊物，在當地成立研究團體，讓他們積極參與他所提倡的「邁向全球意識的精神運動」，冀望達到「藉助於眾多功德圓滿的人，促使地球上的生命脫胎換骨。」②目前，無論新舊宗教團體還是其他非宗教團體，都正積極招攬信眾，以便實現他們自己的全球性使命。

網際網路的虛擬世界也超越了從前宗教以地理位置為基礎的時代。藉著電腦連線，許多新興宗教組織得以與遠方的信眾團體保持聯絡，而不必興建所費不貲的大廈，設立教士秩序制度，或是設立出版社。近年來新興的基督教派中福音派與聖神同禱會

（Pentecost）便非常善於利用電子科技傳揚福音。深諳科技的印度教**遊子**（diaspora）也一樣。「美國線上印度教論壇」（Hinduism Forum of America Online）是一個共有五千則紀錄的電子佈告板，其中包括經文抄錄、宗教畫片、有關素食生活方式的討論，以及對印度教一般問題的答覆。宗教上師史莉‧卡魯南瑪儀（Sri Karunamayi）在網際網路上的網址，提供她個人的生平介紹，她對品格培養、印度的美德與冥想的言論，以及她的照片——包括她雙腳的照片——供信徒膜拜，還有她行腳全世界的日曆與地圖。

　　同樣的，在日本廣島附近有一座莊嚴的佛寺，其創設的網路虛擬墓地，可供人們對著虛擬的已故親人「墓碑」憑弔一番，日後還可從世界任何地方上網「探視」，或紀念故人，或向亡者默禱致意。寺裡的和尚每天都要為亡靈祈禱，而往生者的生平則匯整儲存於該寺的二十部電腦中。東京的一座神道教（shinto）寺廟，則提供上網信徒仿如置身於該寺廟虔敬氛圍的四周環境，透過網路，信徒可以「漫步」庭園中，可以祈禱，還可以選擇能預卜未來的傳統紙籤——而這一切都可在數千哩外靠一部電腦完成。

　　網際網路便利任何使用電腦的人——主要是西方國家的電腦族——擁有全球讀者。許多宗教組織，無論大小，都在網際網路上設有網址，透過上網向全世界傳揚他們的訊息。羅馬教廷梵蒂岡在西元一九九五年設立了網站，立刻接獲無數封對「電子郵件致函教宗」功能的反應。如今這個網站除了發佈教廷新聞，還有教宗行事曆細節，以及譯成六種文字的教宗文章，同時還針對全球數以千計的資訊詢問作答。教宗若望保祿二世熱誠歡迎電腦通訊時代的來臨，稱之為「新福傳」③的機會。

此外在網路上也可發現無數新的宗教團體。例如，新多神教（Neo-pagans）教徒可以上網聚會，舉行虛擬的禮拜儀式，網站中還有祭台、火焰與獻禮等電腦圖案不一而足。

　　網際網路上還可找到許多對於增進彼此理解感興趣的各宗教組織名錄。英格蘭的德畢郡（Derbyshire）是一個非常多元的宗教社區，令人難以置信的大家庭。在當地除了各派基督教教堂，還有二十個佛教中心，三十九座印度教神廟，一座耆那教（Jain）寺

在英國柯文崔（Coventry）的一個謁師所，移居海外與第二代的錫克教徒依然保留他們的印度傳統穿著與虔敬型態。圖為錫克教徒對經書與上師葛蘭斯‧薩希卜（Granth Sahib）（中座者）致敬禮。

視覺藝術的
全球現況

各種精神文化交融產生的現象，在各種藝術型式與較正式的宗教制度上自發性地反映出來。我們的時代還有一個更富藝術性的特點是視覺藝術的蓬勃發展，這些非屬特定制度化宗教的視覺藝術作品，內容都與宗教有關。視覺藝術源自內在的真理，其本身一般認為就是各式各樣宗教的神祕核心。

有關這些特色我們可以舉現代俄羅斯視覺藝術家弗拉迪米爾・賴柴夫（Vladimir Laitsev）與娜塔莉亞・克拉夫特成柯（Natalia Kravtchenko）的作品與理念為例說明。正如今日許多的俄羅斯人，他們也深受東正教的影響，但同時他們對印度教的智慧與自然界的神祕經驗也敞開心扉。他們的解釋如下：

彷彿有兩個實相，到底那一個才是真實的呢？一個是眼前每天過的例行生活：或許擁有汽車、房子，有一間不錯的辦公室，就這麼過了許多歲月，但生活過得緊張兮兮。而另一個實相——童年的生活，與大自然自然而然溝通的生活——則徹底地被遺忘了。若有機會走到戶外，置身山林或者沙漠，或者到一些能夠再次觸及根源的地方去，當會重憶一切事物。有人告訴我們，這不是真實的生活。但面對清風與流水聲，怎麼能夠說這不是真實的生活？

有一次，弗拉迪米爾繪了一幀人臉畫像，散發著亮光、充滿悲憫的形象顯然源自大自然、山林、穹蒼。我們稱該境界為入定（Pralaya）。〔印度的宇宙觀認為〕宇宙運作有兩個程序：一是外射散發，另一個是分解止息，即所謂「入定」。它的意思是，所有宇宙呈現靜寂不動，其能量則不斷的聚積。這並非最終的完結。歷經億萬年，宇宙再度形成，生機蓬勃，林木鬱蔥，河流蜿蜒，頃刻間一切從頭再起。一切生物經過兆億年漫長的歷程回到源頭，共融合一，生命必定滿懷欣喜。

身為存有者的人類，短短的一生中，了不起只有百來歲，怎能理解和體驗「入定」這樣一個須經數十億年歷程的境界呢？但如果我們有幸在一生當中對這一點有所領悟，那我們將與這個過程永遠脫不了關係。

我們覺得這絕非想像而已，在印度古詩中，我們找到了歌誦萬物的詩文。有些詩讚美河川、山林、岩石、星星、穹蒼、白雲。萬事萬物如同一個生命。人類與這個生命息息相關。人是這個宇宙的一部分。宇宙在他之內，宇宙也在他之外。

作者：弗拉迪米爾·賴柴夫
（Vladimir Laitsev）
名稱：入定（Pralaya）
年份：1996
原料：乾蠟筆

　　這些心領神會是來自直觀知識。有時詩文或者繪畫中所表達的意涵，我們後來在實際生活中或者經書上找到印證。有時我們不免感到震驚：「我們在俄國不曾認識，也從來沒有讀過印度教的經文，這個意象如何會臨在我們的呢？」

　　我們在東正教基督教的聖像繪畫傳統中也找到了非常重要的線索。原來負責繪畫聖像的僧侶在作畫前，通常會先淨心歛神一番。他大概不吃不喝一個星期，有的話也只吃一點點食物。他會不斷地祈禱。他必須為他所繪的畫像負責。有些聖像的背景以金箔鑲貼處理，如此形成光自內而外散發的效果。這表示光要比人像更為重要。在我們的畫作中，我們也試圖把我們感受到的這個光表達出來。

弗拉迪米爾·賴柴夫 ＆ 娜塔莉亞·克拉夫特成柯
1997年12月11日接受專訪談話

廟，十五座猶太教會堂，一百五十三座伊斯蘭教清眞寺，還有六十五座錫克教寺廟。這種當地實際的多元宗教文化現象，在德畢大學的「多元信仰網」（MultiFaithNet）電腦化資源中反映無遺。這些資源除了提供各信仰所提倡的資訊，還提供有助於祈禱與冥想的各派宗教的神聖經文、音樂與影片，融合多元信仰的宗教「藝廊」、討論團體、視訊會議、線上刊物，此外還闢有一個對非基督宗教的各種宗教以問答方式作介紹的「角落」，以及與大學宗教研究課程與研討會互通的連網。

排他主義

雖然現代科技促使許多人認識不同的宗教，且經濟壓力傾向於促成跨國潛在信徒聯合，然而，同時與此正好相反的趨勢卻也日益普遍──且日益明顯，因爲這個趨勢顯然與現代化、全球化的發展並不搭調。部分宗教團體正試圖封閉它們的界限，限制成員接觸其他宗教，或強迫人接受它們對眞理獨一無二的主張。這種排他現象可視爲過去孤立的當地文化，受到現代化與全球化衝擊而呈現文化震撼的反應。有些受傳統宗教文化薰陶的人會發覺自己立刻暴露在這些不熟悉的生活型態中，而感到痛苦，認爲這已危害到社會的健全。他們尋求退回到以團體利益至上、個人利益居次，並嚴格貫徹行爲標準的生活方式。

向來宗教都會訂定可接受的行爲標準。正統猶太教對許多日常生活作了非常明確的規範。基督宗教則正如在新約中所宣揚的，鼓勵愛的誡命。伊斯蘭教以經文與約定俗成的約法爲本而擬訂的一套社會法則，係效法先知穆罕默德（Prophet Muhammad）的模範生活衍生而得。佛陀對終止人生痛苦提出許多教誨，像是守正道與存正念。傳統的印度教徒謹守公元前一百年編纂的《摩

奴法典》（*Code of Manu*），其中強調社會責任與為了社會秩序，個人必須犧牲私慾。在印度教經典《福者之歌》（*Bhagavad Gita*）中，克里希納神(又名黑天大神)(*Krishna*)曾說：

> 一個人捨棄了一切感覺滿足的慾望，生活無欲，捨棄一切擁有的感覺，而且沒有假我——他能夠獲致真正的平安。④

　　相對的，現代的資本主義制度如果沒有社會責任的意識予以節制的話，它所灌輸的價值又是什麼呢？起初資本主義制度是為了促進人類進步這個理想而倡導的，然而這個制度的重心逐漸從人身上轉移到金錢本身。已故羅馬天主教教宗保祿六世在他的〈論民族發展〉（On the Development of Peoples）通諭中曾說，遍及全球的自由市場經濟的基本法則是這樣的：

1. 其主要動機是利益：為了利益而追求利益。
2. 其最高法則是消費：適者生存，大魚吃小魚。
3. 取得生產方法的權利是絕對的：這個權利並非相對的。它沒有限度，它不講求社會責任。⑤

■反動的基本教義派

　　當世人受到如現代化或其他文化等諸多因素影響而偏離其舊有的精神價值時，有些反應呈現出反對進步的現象。其特徵是強烈地希望保護年輕一輩免於外來影響的「傷害」，企圖重建對傳統舊制與堅定宗教信仰的忠誠。這種發展過程通常稱為**基本教義**（Fundamentalism）。主張基本教義者認為，恢復他們信仰的正

統地位是責無旁貸的。然而，這個標記卻頗成問題，因為基本教義派經常由主觀的詮釋決定取捨，而非基於古代富於啟示的教義精髓。「宗教與人權計畫」就「基本教義派」所作的國際研究提出的報告指出，一般而言：

> 基本教義派並非反科學或者反理性的（至少他們自己這麼認為），當然也並不反科技；不拒絕外來的影響；並不總是好戰；也並非始終貧窮或是未受教育。他們反對現代生活的許多層面，例如多元化、消費主義、物質主義，強調男女平等。基本教義派挑選特定的標準規範「基本教義」來界定他們的信仰與生活，他們反對將教義精神化，或者是以隱喻詮釋神聖的經文。這樣的作法使他們表現出排他性且與世隔離。他們也是絕對主義者。他們絕不模稜兩可或容許相對主義，因此他們易傾向極權專制。就倫理標準而言，他們對有關性別的問題，特別是婦女的社會地位，一貫抱持不寬容的態度。⑥

此所以在西元一九九〇年代末期企圖成軍，並在政治上取得阿富汗控制權的塔利班民兵組織（Taliban），他們會想規範占領地的人民，必須重新按照傳統伊斯蘭教律法來生活。領導塔利班民兵組織的伊斯蘭教導師將其學員送上前線，不僅為平息敵對派系的爭戰，而且也為了帶領阿富汗變成一個空前嚴謹，遵守伊斯蘭教律法「不折不扣」的伊斯蘭教國家。所以，舉例而言，他們下令婦女必須穿著傳統服裝，且須蒙面，頭罩包紗，全身裹到腳，否則不准上街。此外還不准婦女出外工作，除非她們的工作

場所能夠重新安排，以防止女人接觸到男人。所有家庭都奉命將窗戶漆黑，免得路過的行人看到屋內的婦人。至於男子全體必須留蓄鬍鬚。凡是被抓到的小偷，一律公開斬剁雙手懲治。

然而，關於伊斯蘭教文化在憲法中應該如何定位的問題，大體上並沒有獲得共識。伊斯蘭教學者批判塔利班組織的懲處罰則其實是誤解了伊斯蘭教**律法**（shariah）。在自詡為全球伊斯蘭教典範的鄰邦伊朗，宗教限制現已放寬，有些伊朗伊斯蘭教婦女已獲任命執掌政府高層職務，而知識份子亦可自由討論社會應該應用伊斯蘭教律法到何種程度的問題。

■**宗教認同的政治運用**

面對當代的諸多壓力，人們通常會尋求建立一個新的烏托邦願景，更常見的情況是緬懷理想化的過去，不論這個美化的過去是否真實存在過。這種渴望的心理很可能被政治家利用。

在印度，RSS（Rashtriya Svayamsevak Sangh）於二十世紀初期，倡導印度文化更新運動，主張古印度國（Hindu Nation）重生。事實上，印度（Hindu）這個字並不見於任何印度的經典，也沒有一個宗教能精確的被稱為「印度教」（Hinduism）。事實上在印度，宗教早就多元發展，神祇之多連南亞次大陸的古經典《梨俱吠陀》（*the Rig Vedas*）都記載著：「真理只有一個；聖者以各式各樣的名字稱呼祂。」雖然如此，RSS 還是形成強有力的運動，在數以萬計的印度村落遍設分支機構。印度男子聚集在此進行團體比賽、學習武術、音樂、講道與祈禱，支持建立「印度國」。

國民這種對進步的情感很容易為尋求權勢的政治人士所利用，藉以增進政治利益。RSS 的政治表彰就是印度人民黨（Bharatiya Janata Party），它提出印度人是印度合法的居民，伊

斯蘭教徒與基督徒是外來者的主張，贏得了廣大支持。印度人民黨因此煽動摧毀十六世紀征服印度、建立伊斯蘭教帝國的蒙古族在印度教神廟舊址上興建的伊斯蘭教清真寺。一九九二年一群暴民受到唆使，將位於阿唷亞（Ayodhya）的一座伊斯蘭教清真寺摧毀，引發了大風波，據說這座清真寺是建立在紀念傳說中的完美統治者拉姆王（Ram）出生地的一座古代印度教神廟舊址上。政治領袖告訴民眾，此一暴力行為將是恢復印度社會德行的一步。一九九八年執政的印度人民黨政府進行核子試爆，作為民族強勢的有力象徵，贏得了國內普遍的政治支持。與 RSS 相關的宗教組織「世界印度社會」（Vishva Hindu Parishad）建議在核子試爆地點上興建一座寺廟以茲紀念核試爆提升了「全國人民的自尊心」。⑦

數週後，鄰邦伊斯蘭教國家巴基斯坦不甘示弱也進行它們的核子試爆，數以百萬計的巴基斯坦國民立刻萬眾一心地獻上感恩，祈願伊斯蘭教徒大團結。拉哈爾（Lahore）第一大清真寺帶領祈禱的領導者告訴會眾，核試爆是「整個伊斯蘭教世界的偉大成就」。他與其他伊斯蘭教領袖一樣為轉移對於可能遭到國際經濟制裁後果的不安，極聲呼籲國民厲行節約，稱之為「伊斯蘭教徒的生活方式」。⑧

在宗教「基本教義」政治化過程中，常用的一個策略是將某人的團體稱為自己人，對別的團體則稱為外人。例如，許多伊斯蘭教徒受到誤導，認為只有伊斯蘭教徒是真正的信徒（mu'min），不信伊斯蘭教的都是無信仰者（kafir）。對那些教唆人民集體效忠並仇恨別人的別有用心的政客來說，這個分際十分方便。然而，這些字眼的真正涵義並不特指宗教信仰而言。事實上，kafir 的意思是「隱蔽真理者」，mu'min 的意思是「散播真

理者」。

■團體認同

　　排他主義的壯大通常是從人們期望團體支持，共同抵抗他們的生活方式受到威脅的心理獲得力量的。爲了建立一種團體認同感，以及維護某種文化不受外來的影響，可能就會強調與衆不同的服飾，並區分不同的派別等。這種排他主義會使人們與其他族群的關係發生質變。從十五世紀到十八世紀，錫克敎宗敎領袖**上師**（Guru）敎導的是宗敎合一，編纂的經典包括了虔誠印度敎與錫克敎聖者的頌歌以及錫克敎上師們的讚歌。即便在受到伊斯蘭敎統治者攻擊時期，錫克敎上師依然與伊斯蘭敎徒保持友好關係。錫克敎的聲譽十分崇高，許多印度敎家庭以兒子成爲錫克敎徒爲榮。然而到了十九世紀末葉，錫克敎學者先是對基督敎傳敎士在印度傳敎產生防衛性的反應，接著對印度改革運動如火如荼起了反感。他們開始駁斥不少外國學者的說法，主張錫克敎並非印度敎的旁支，而是十足自成一派的宗敎，它有自己的歷史傳承，也有自己獨到的啓示。爲了強調他們的不同，這些反動人士加緊振興屬於他們宗敎認同的外在象徵——蓄留長髮並以頭巾包覆頭部，隨身備一把梳子爲保持頭髮整齊，手臂戴鐲子以示對信仰的堅貞，還有一旦發生緊急狀況奉召上戰場時可當外衣穿的特別內衣，此外，還有隨時都得配戴的一把短劍。敎導錫克族人這些象徵的是第十世錫克敎上師戈賓德・辛哈（Gobind Singh），他帶領受到壓迫、士氣低落的人民變成爲護衛信仰勇於挺身抗暴的堅強衛士。他下令追隨他的信衆必須在穿著上突顯自己的身分，如此他們就不得隱蔽其維護正義的責任了。但是到了二十世紀，這些衣著用品反而被政治利用，成了政治分裂的象徵。

■種族主義

　　宗教的排他主義也意涵著種族偏見政治。雖然那並非新的現象，不過全球出於仇恨心態的犯罪率、瀆聖與摧毀宗教地點等情事顯然有增無減，這是因為面對不穩定的前景、面對其他現代生活起了變化的宗教團體，經常有人教導他人責怪他們的挫折失望與不安疑慮。

　　美國基督徒認同運動（Christian Identity Movement）的興起，對社會現狀的種種威脅，被認為是一個猶太陰謀在國際間策動的結果。這個運動自從西元一九七〇年代以來聲勢節節上漲，受其影響的包括政治極右派，三Ｋ黨（Ku Klux Klan），白人雅利安反抗組織（White Aryan Resistance）以及美國納粹黨。保守的基督教的新教徒認為，我們正處於先知預言的人類末世的「磨難期」（tribulation），信徒在必要時使用暴力是得當的，因為他們必須維護自己的信仰免於「基督大敵」（Antichrist）的罪惡。

　　二十世紀末，前南斯拉夫即因彼此宗教信仰不同掀起種族對立而頻傳殘酷的暴行。有些觀察家認為，南斯拉夫境內的東正教基督徒、天主教徒與伊斯蘭教徒的宗教差異，成了種族仇恨的焦點，只因從前在共黨統治下受到壓制，一旦共黨垮台便一發不可收拾。更有人認為，這三個宗教共存並立至今已經五百年了，只因現在民主力量競相釋出，宗教與種族便被利用來作為政治上鼓動人民的工具。

人道主義與科學檢證

　　當全球宗教多元化發展與宗教排他主義並進，兩者間形成緊張的同時，另一個全球性發展則是對宗教抱持質疑或者乾脆拒斥的態度。正值廿一世紀來臨之際，據估計全球約有二〇％的人無

法認同自身及任何宗教。有些人追求物質，重視活在此時此地的生活，認為這些比永生的承諾來得有趣。還有些人因為目睹宗教界的虛偽、自私、自利、靈性缺乏而有所覺醒。有的人在對現實的本質與存在的意義感到納罕之餘，最後作成結論：沒有科學證據顯示形成人類歷史的事件幕後有任何超凡的力量在主導。就連各派宗教信徒也因現代針對他們的先知與經典作人文層面的深入探討，而必須對他們的信仰重新學習新的教義。

十九世紀德國大哲學家尼采（Nietzsche，1844-1900）即對他生長環境下接觸到的狹隘基督宗教教義詮釋十分不以為然。他抨擊制度化的宗教是「禍根」（cuse），是為了保護人們免於對不可知的事物感到恐懼，是對科學地位日益重要的現實的一種解釋。馬克思（Karl Marx，1818-83）的著作對二十世紀的歷史影響至鉅，他認為宗教是人創造出來的產物，就像抽鴉片般帶給人幻想，其目的不外乎要人們安於現狀，儘管社會充斥迫害與不正義。在共黨統治的廣大地域長大的好幾代兒童，因此都被灌輸「科學的**無神論**（Atheism）」。在前蘇聯，科學家們備受重視，而宗教儀式與教堂則被視為非法，遭到嚴格的限制。

人道主義（Humanism）是現代知識份子推動的運動。它強調人類倫理，不注重超自然事物。它的根源不僅包括馬克斯思想，還兼容古代中國與印度（其佛教徒與耆那教徒均尊崇非有神論的哲學）等積數千年歷史的人類思想結晶，還有古代希臘與羅馬的經典之作，乃至啟蒙運動（Enlightenment）及歐洲科學革命。西元一九七三年數以千計的知識份子所簽署的「人道主義宣言」（HumanistManifesto）聲稱：

我們發覺人類在現世並無所謂神旨或是眷顧。沒有

任何神祇救得了我們；我們必須自救。永生救贖的許諾或對永罰的恐懼都是幻覺，是有害無益。它們徒然使人分神不去注意當前的問題，不能自我實現，不去匡正社會不正義……注入人類關懷的批判靈性是人類解決問題的最佳方法。⑨

　　理性的人類思維是現代的基石之一。連這些為信徒敬奉為神示或天啓的神聖經典，也被二十世紀的**文本批判**（Texual criti-cism）大膽地置於理性的質疑之下。學者指出重建類似新約聖經原文的困難很多，並對聖經的絕對無訛論質疑。從西元一九八五年開始，一群名為耶穌學會的學者，不斷集會辯論新約中耶穌所說話語的真偽。他們的結論是，經上記載耶穌說過的許多話，不無可能是信徒為發展基督教的信仰而建構的。這個結論與其他當代基督徒覺得聖經絕對正確無誤大相逕庭。在大膽質疑與絕對信服這兩個極端之間逐漸形成了一種折衷看法：目前有些人認為聖經是紀錄文獻，其原始型式與原意或許無法充分掌握，但在今天其詮釋卻是重要的，其信條自有其可靠性。

　　嚴謹的懷疑甚至威脅到科學的基柱本身。科學的基礎始於十七世紀採用科學方法發現宇宙間的真理。在科學方法中，所有命題都須經檢驗，以數學量化獲得實驗證明。這個方法學背後的基本假設包括宇宙係按照可預測的因果運作的信念，包括它的基礎型態可透過人類的研究而被發現，以及這個宇宙係受到某一種統一計畫的安排，此外，科學的目標是要證明人定勝天，科學是為人類謀福利的。

　　雖然科學方法背後的假設促成許多科技進步，最新的科學研究卻對這些假設本身的可靠性起了懷疑。量子物理學（Quantum

physics）這門研究物質最小粒子的學問，顯示了粒子的存在與行為模式並非基於我們通常了解的因果概念。到了二十世紀末期，科學家更證明了組成一切東西的次原子粒子，從來不曾同時有個特定的場所，以及特定的動能。這個事實在人類邏輯中是說不通的。

二十世紀有愈來愈多的思想家體認到，即使科學解答了「怎麼樣」的問題，也無法解答所有「為什麼」的問題。這個部分仍屬於我們所了解的宗教範疇。科學家在探究宇宙混沌與複雜的同時，對人類的理智也有了比較謙虛的看法。許多科學家如今注意到，不講求倫理道德的科學應用，已導致自然環境普遍遭到破壞，且科技進步本身並不能帶來幸福。佔上風的理論研究終於導致部分科學家與有宗教信仰的人展開生動的對話，雖然不見得一定取得共識。量子物理學的發現如今被比作古代東方聖賢對真實存在性質的印象——天外有天，無始無終。科學家也不一定排除至高的智慧參化浩瀚無邊宇宙的觀念了。物理學家史蒂芬·霍金（Stephen Hawking）問得好：「將火力導入均等關係狀態，使之形成宇宙的究竟是什麼？」⑩

後現代

在廿一世紀曙光初現之際，我們生活的時代是某些社會科學家所稱的後現代時期。現代化的特徵是都市化、工業化，對於人類將因科技進步而獲得自由的看法，持以樂觀態度。然而，正如本章指出的，諸多發展過程並未導致完全正面的結果。環保惡質化，社會暴力，貧富不均，失業率與遊民問題，依然未能消除。心理痛苦現象也仍然普及，一〇七個國家不下二千四百萬人為了控制他們的憂鬱症與焦慮，至今每天仍須服用抗憂鬱藥物。一般

的說法是，後現代指的是從一九六〇年代起，到一九七〇年代結束，其特徵是對未來感到幻滅與不安。這種社會與心理裂解現象，稱為**現代性危機**（crisis of modernity）。法國學者阿蘭·德·比努依斯特（Alain de Benoist）曾撰文發表如下看法：

> 個人因全球化而感到失了根。自覺失勢的人築起了高牆，即使這道牆既脆弱又可笑。就心理層面而言，現今個人面對機械的壓倒性勢力，以及愈來愈快速的節奏步調，甚至更沈重的限制約束，內心頓然覺得前途沒有希望——變數如此之多，他們不再能夠掌握他們的立足點。個人感覺到比過去更加孤獨，遺世孤立，所有偉大的世界觀點均告坍塌，虛無感益發加強……因此，全球化就像是意象碎裂的謎題。它無法提供世界的展望。⑪

在這個歷史關鍵點上，各式各樣的宗教活動與宗教團體充斥，頗難對宗教現況或者宗教何去何從等問題作一般性的結論。對於新的不確定形勢與變化速度作出的各種反應，從排他性與絕對主義——亦即砌高牆隔絕外界藉以內造一個更為穩固的世界——到在宗教表達方面展現嶄新的開放態度，無所不包。許多宗教都出現開放的趨勢，此一現象有人稱之為「後現代靈學」（postmodern spirituality）。照大衛·雷伊·葛里芬（David Ray Griffin）教授的說法，這個發展趨勢可以探討的主題有八個：(1)人格認同並非孤立的，而是由家庭、社會及環境的關係予以決定。(2)人類與自然世界或神界是分不開的。他們能夠經歷到與自然合一的本質。(3)過去與未來都重要，但應該從當下的立場作思量。(4)神靈與所有生命存有者都是現實界的共同創造者。(5)男女

是平等的，有關神祇的隱喻可以是陰性，也可以是陽性。(6)在制訂公共政策時，不能只從個人或者民族國家的角度考量，應該把當地社區、家庭、生物地區與文化領域等各項因素納入考慮。(7)宗教應跳脫與道德、政治、經濟區別的框架限制，也不應再彼此分門別派。宗教應視爲多元的，各派宗教應一視同仁。(8)社會、道德、宗教、美學各項的範疇低於唯物經濟政策的現象應遭到拒絕。⑫

　　面對這許多互相衝突的影響，要如何說明今天的宗教現況，以及在新世紀中宗教發展的趨勢呢？在取樣說明了全球社會現象之後，我們要在下一章探討一些主要宗教本身，看看人們在當今關切的問題上如何運用宗教，即便這些宗教起初崛起於完全迥異的歷史環境下。

註釋：

①取自戴安娜‧艾克（Diana Eck）於1994年11月在義大利 Riva del Garda 舉行的第六屆全球宗教與和平會議大會上提出的論文〈一個新的地緣宗教現實〉（A New Geo-Religious Reality）。

②取自狄帕克‧卓普拉（Deepak Chopra）發表於1996年1-2月份加州 Del Mar 的全球精神成功網通訊〈通訊新聞〉（Network News）。

③引述教宗若望保祿二世在1996年12月16日出版的《時代》週刊中 Joshua Cooper Ramo 所寫的〈在網路上發現天主〉一文中的談話。

④摘自印度經典《摩訶婆羅多》第2章第71節。

⑤教宗保祿六世在1967年發表的〈論民族發展〉（populorum Progressio）通諭，Labayen 主教在其著作《消費主義的替代抉擇》（*Alternatives to Consumerism*）中引述。曼谷：Santi Praeeha Dhamma，1997，p.6。

⑥摘自 John Kelsay 與 Sumner B. Twiss 共同主編的《宗教與人權》（*Religion and Human Rights*）（紐約：宗教與人權計畫，1994）pp. 20-1。

⑦摘自 Ratikanta Mohanty 所著〈大人物首腦說，在核試爆地點蓋濕婆之妻沙克蒂神廟吧〉（Build Shakti Peeth at Test Site，Says VIP Chief），本文刊載於1998年5月19日出刊的《亞洲時代》（*Asian Age*）p.6。

⑧取自〈數百萬人獻上感恩祈禱〉，刊載於1998年5月20日《亞洲時代》，p. 5。

⑨〈人道主義者宣言 Ⅱ〉（Humanist Manifesto Ⅱ）於1973年發表，Joel Beversluis 主編的《地球宗教社區探源》（*A Sourcebook for Earth's Community of Religions*）轉載附錄。密西根州 GrandRapids 市：Coexus，1995，p.49。

⑩Stephen W. Hawking 所著《時間簡史：從宇宙大爆炸到黑洞》（*A Brief History of Time：From the Big Bang to Black Holes*）。倫敦：Bantam，1988。

⑪Alain de Benoist 在1996 年夏季第108 期《終極》（*Telos*）發表的〈面對全球化〉（Confronting Globalization），p.133。

⑫David Ray Griffin 在其主編的《精神與社會》（*Spifihality and Socrety*）一書中的〈自序：後現代靈性與社會〉，以及同樣由其主編的《神聖的互相連

繫》一書中的〈自序：神聖的互相連繫〉，兩書均由位於紐約州阿爾巴尼市的紐約州立大學出版社出版，前者出版於1988年，後者出版於1990年。

2 現代世界的宗教傳承

Rellgious Traditions

in the modern world

大體上來說，關於未來宗教前景的一個預測顯然是可能的：在廿一世紀，許多宗教的修行方法絕大部分仍將保留他們的遠古根源。目前全球人口約七七％是有信仰的——無論是印度教、佛教、猶太教、基督宗教、伊斯蘭教、錫克教、儒教、耆那教、道教或者神道教。（這個數字還包括信仰種族文化，亦即「原住民靈學」的宗教系統。）儘管全球宗教傳統歷經漫長的傳承，這些傳統儘管面對新的啓示與新的社會情勢，卻呈現活力充沛的新貌。在本章中，我們將審視「原住民靈學」以及五大宗教——印度教、佛教、猶太教、基督宗教以及伊斯蘭教——的傳統信仰。我們亦將仔細探討每一個宗教的當代信仰詮釋，說明這些歷史悠久的宗教如何重新界定定義。這些宗教以嶄新的面貌吸引信徒，一方面固然有賴它們保持了初期的傳道熱情，二方面也由於他們都能注意到當代的需要，例如環保、種族和解、女權運動，並且拿得出辦法來解決現代危機。此外，我們亦將探討每一個宗教正在演化的其他牴觸的發展。

原住民靈學的傳承

對原住民的信仰方式我們所知相當有限，如美洲一些原住民，以及地球僻遠地區的小社群，他們至今仍緊緊依偎著他們的土地生活。他們的文化絕大部分尚未開化，並沒有成文的經書。他們提到的宗教架構不脫離他們的環境，他們靠口傳代代傳述先祖的智慧。其間若有人受到新的啟示，或者因為受到其他文化的影響，他們的傳承才會添加新的東西。

一般認為，這些古老的信仰一度到處存在。只因為受到政治勢力更強大的基督宗教或者印度教等宗教文化的影響，他們大半被強壓了下去，要不然就是被同化。然而在五大洲——包括次極地的加拿大乃至澳洲邊陲地帶——的僻遠角落，總還有一些小規模社群至今仍沿用他們遠古的信仰方法。

這些僻處一隅的原住民地區，面對全球化的衝擊已逐漸失去原有的精神，因此可以推斷，將來這些原住民地區將更少人會採用他們祖傳的信仰方式。然而，他們的影響力正以新的方式為人所感受，他們的教義也被一些非屬該傳統文化家庭的人們以新的型式加以實踐。數十年來，美洲古老文化的赤腳師傅在北美與歐洲許多城市吸引了大批的追隨者，致力保存維護僅餘的陸地文化精神傳統的人愈來愈多。一個活力充沛的**新多神教**（New-pagan）運動應運而生，這些人與基督教興起以前的歐洲古老原住民傳統復興與修行沒有直接關係，卻熱中於振興這些原住民信仰傳統，並以現代的方式實行。

■傳統信仰與儀式

儘管目前碩果僅存的原住民文化五花八門，一般來說它們的教導一致指出，所有的生命形式、所有的存在層面，在精神上是

相互關連的。土地、人民、受造物、氣候、看不見的神靈，天體等等，全都互相交錯，形成豐富的生命織錦。到底是誰在編織這個生命的織錦呢？一些美洲民族說，是「老祖母蜘蛛」，牠不斷地吐織宇宙網。在全球各地，對這個「神祕的大存有者」則賦予許多名號，是祂在創造一切，使一切彼此相關，祂的名號包括「偉大的神靈」，「瓦坎坦卡」（Wakan Tanka），「基特謝曼尼托」（Kitche Manitou），「全能者」，「創造森林者」，「穹蒼神靈」，「從未被完全認識的那一位」。在所有這些文化中充斥著看不見的存有者——土地、水、樹林、山脈、祖先、自然力量的神靈。在肉眼看得見的世界也一樣，萬物都是有生命，有知覺的。林木與動物或許能與人溝通，甚至石頭也充滿了能量。

在宇宙網絡中，任何一股織線的移動，都能牽動整個網為之震動。因此傳統原住民的民族被視為「環保尖兵」，因為他們說他們覺得對所有生命有一種神聖的關係與責任。正如西雅圖酋長在西元一八五四年說過的：

> 就我們知道：大地不屬於人類；而人卻屬於大地。這是我們確知的。萬物相互關連猶如血源使一個家族凝結。萬物是相互關連的。大地的遭遇都將報應到大地的子孫身上。生命之網不是人織；人只是其中的一條織線。人在生命之網所做的一切，都只是為他自己而做。①

既然如此，一個人的生活如何與所有生物保持神聖的關係呢？人類自小就透過某些具體提到他們本身環境的故事書認識宇宙的起源。在西伯利亞的突厥民族說起天地創造，一定會提到圖

維尼安山（Tuvinian）；而在亞馬遜，則認為雨林是宇宙的起源。從這些宇宙觀孕育出許多詩歌、故事與戲劇，傳述許多存有者使宇宙住滿了人，而祂們的力量必然受到尊崇。這些故事的一再傳述成了生命之網的一部分，人們繼續對跟他們有關的許多存有者致敬。某些看不見的存有者其影響力或許是惡毒的，因此對祂們必須提防，但同時不失尊敬。在砍倒一棵植物或者殺死一頭動物之前，原住民可能會為牠的生命獻上歉意並同時致謝。鳥類的行為與鳥語可能也須仔細觀察，因為一般認為牠們是從神靈世界來的信息使者。全球各地對住在巨大古樹裡頭的精靈一再特別賦予崇敬。甚至在已經改信全球五大宗教之一的社會中，還是經常可以看到在古樹四周有人供祭或獻花，並在樹枝上繫布結祈求患者早日痊癒等膜拜跡象。

雖然據說原住民靈學的影響滲透到個人的日常生活中，但是它也在禮儀與特定的神聖角色方面具有一定的形式。在小社會文化中，為了紀念季節交替、天界大事、族人誕生、進入青春發育期、結婚、死亡等而需舉行各種儀式時，可以看到男女祭師或者祕密社會的成員披上特別服裝執行團體崇拜儀式。在絕大多數原住民的社會中，有些男女具有特殊精神能力能與神靈界溝通，召請看不見的神靈協助。西伯利亞人有一個名詞**巫師**（shaman），如今已被全球用來泛指具有這種治癒異能的男女通靈者。他們可能利用鼓、咚咚聲或者使人昏睡的草藥幫助他們進入意識層，在神魂世界暢行，帶回訊息與屬靈的力量。他們在恍惚出神狀態下工作，此時他們自己的個性、思想都會暫時閒置，以便那看不見的神力透過他們運作。二十世紀的一名美洲本土「巫師」，名為「黑麋」（Black Elk）作了以下的解釋：

「古樹」被認爲皆有精靈居住其間，因此世界各地的「古樹」都會有不同宗教崇敬者敬拜。圖爲印度新德里病者對古樹禱告時獻上的祭品、鮮花以及用布條綑綁在樹枝上的景象。

當然治癒者不是我，而是是來自世間以外的力量，
而那幻像與儀式只不過使我成爲一個洞口，透過這個洞
口，世間以外的力量才能加到人類身上。如果我以爲是
我自己在做這事，那個洞口會闔起來，同時就沒有力量
能夠穿越了。②

　　外界一度以爲這些巫師是瘋子，如今愈來愈多人以認眞的態
度對待他們，有時他們會被醫生召請來針對原住民一些醫學認定
的不治之症進行醫療。

　　許多原住民社會也還保存一些傳統方法，爲謀求整個族群的
利益，由某些人淨心自獻。在美洲，人們聚集在蒸汽小屋內——
這是在一個置放燒熱的石頭的坑洞上建造的小屋。當黑漆漆木屋
內的熱氣高到幾乎令人不能忍受時，人們呆在裡頭祈禱長達數小
時。等他們終於露面時，人人覺得彷彿剛剛新生，個個虛懷若
谷，自覺淸除了污穢不潔。這些團體進行的過程使人們彼此長久
有一種關連感，覺得跟過去無以計數的世代，以及尙未出世的未
來世代息息相關。

　　在這些強烈的經驗中，人們或許也看到了神靈界的幻像。這
些幻像被視爲對個人或團體的指引或警訊，被小心翼翼的奉行
著。夢境也受到重視，認爲這是具有意義的預言。平地印地安人
有一個傳統儀式是，一群人圍成一圈，一個個傳遞一個祝聖過的
煙斗，拿到煙斗的人，必須抽兩口。這個儀式源自「白水牛婦
女」看到的幻像，她賦予這具煙斗的神聖意義與用法的訓令。

　　在原住民社會中，老者通常備受尊敬，因爲這些老者才記得
傳統的族人詩歌與戲劇情節，他們的智慧對整個族群非常寶貴。
分享被認爲是一大美德，有些文化鼓勵人們慷慨大量的付出，將

其所有重新分配給其他人。

■當今原住民信仰現況

　　二十世紀興起了一股懷念這些幾近失傳的傳統的風氣。這種懷舊情懷無關乎感情。全球的原住民眼見其傳統生活方式被摧毀，除了強有力的商業利益逼得他們讓出土地，他們的聖地被占去而成為礦區或闢為觀光資源，他們自己也因沈重的壓力改信了其他宗教，特別是基督宗教。因此，重新肯定他們的傳統方式與祖傳土地的權益，便成了文化與經濟存亡續絕的事情。雖然這些小社群向來孤立，但如今他們卻彼此呼應，聯合起來抵拒外力的侵略。他們組成了地區性、全國性甚至全球性聯盟，並與聯合國合作，以確保他們的權益與文化。人們經常看到他們站在反對濫用土地的前線，因為他們的土地是僅餘免於遭到環境破壞的少數土地。在巴拿馬，昆納印地安人（Kuna Indians）致力挽救並維護一座森林公園與植物保護區。巴西的卡亞波印地安人（Kayapo Indians）成功地阻止了世界銀行資助興建一座大規模水壩計畫；菲律賓的柯迪耶拉民族聯盟（Cordilleera Peoples' Alliance）也阻止了水壩興建計畫，阻撓伐木公司進駐，而自行推動其永續經營的開發計畫。

　　為了完成這些目標，這些小社群的人們愈來愈懂得借助大型文化的科技，使用錄影帶紀實，保護他們的森林免遭破壞，他們還到處召開記者會阻止水壩興建計畫，此外還出版四百多種期刊，呼籲對原住民的關心，他們彼此間更透過電腦的網路活動（networking）。同時，他們也面臨一個挑戰：如何維護其傳統上以自然為基礎之原則的完整性。巴西印地安國聯盟的艾爾頓‧克連納克（Ailton Krenak）解釋道：

我們認為：我們全體人類彷彿同搭一艘獨木舟，在時間的長流中航行。如果有人開始在他們附近升火，又有人開始在獨木舟內傾注水，另一個人開始在獨木舟內小便，那都會使我們全體受到影響。獨木舟內的每一個人都有責任確保大家同修共渡的這艘船不受破壞。我們的地球正如一艘巨大的獨木舟在時間的長流中航行。③

■特寫　新多神教

不只原住民致力重振對維護自身傳統原則的使命感。從自然環境過渡到面對都市、科技先進社會的人，紛紛尋求重建與地球和好的方法。許多人尋求一種更為個人形式的宗教，這遠勝於加入全球性卻是官僚、極權，且典型由男性主宰結構及拘束的最大宗教團體。對這種追求的後現代流行，答案要從探索基督教興起之前以自然為基礎的歐洲宗教下手——這些宗教據推斷主要是目前白人中產階級信奉的，常被稱為新多神教（Neo-paganism）的起源。

「異教徒」（pagan；或稱多神論者）這個字源自拉丁文，原意為「農夫」、「鄉下人」、「平民」。自古以來這個字用來指未皈依猶太教、基督宗教或者伊斯蘭教的異教徒，是帶有侮辱意味的別稱。「獵巫師者」（witch-hunters）與天主教的宗教法庭對這些堅不改變信仰者的鎮壓行動，導致西元一三五〇年到一七五〇年之間歐洲地區多達數百萬人犧牲生命。據報導，無數基督教堂在他們的古老祭壇原址上蓋了起來，他們的民俗節慶都染上了基督教的色彩，原住民的信仰方式逐漸被迫轉入地下。有人說，異教徒的精神完全消失了；還有人說其實不然，數百年來仍有少數信徒祕密維護這個精神於不墜。

瑪歌‧艾德勒（Margot Adler）是當代新多神教徒（Neo-pagan）運動的首要作家，目前身兼美國公共電台紐約台台長，她對這個現象解釋如下：

> 新多神教徒在自然界的古老形象中尋尋覓覓，在失落的傳統廢墟中審視探究，為的是要發現、振興及重建古老多神論者的自然宗教。對老早死寂的多神教傳統興起的迷思，是文化尋根的一部分。由於絕大多數的新多神教徒均為白人，他們常把眼光朝向歐洲。④

興起於西方都市文化的新多神教，並沒有成文的經典，也沒有中央集權式的權威中心，他們從舊有的以自然為基礎的傳統，自行演化出新的方式。正如至今碩果僅存的原住民，新多神教徒說他們經歷的自然界是活的、有感覺的、神聖的，充滿了無形的力量。他們視宇宙的節奏為神聖的，因此他們對太陽與月亮的週期都表示尊敬，並加以慶祝。正如他們從古老的農業社會汲取靈感，他們也慶祝夏至、冬至、春分、秋分，滿月等天曆的重要日子。土地也被賦予精神意義，東西南北四個方位形成一個神聖的軌跡，而每一方位都有其意義。生命週期中的大事，例如生育孩子，到達行經年齡等，都會舉行慶祝儀式。

有些當代社團奉行的新多神教有一明顯特徵，那就是對巫術（magic）感興趣。著名的新多神教作家、本身也是信徒的史塔霍克（Starhawk）對巫術所下的定義是，「感應與塑造在全球各地流動的，喚醒超越理性的深層意識的，微妙、無形力量的藝術。」⑤為達到此一目的，新多神教徒借助儀式進入與不可見的力量溝通的狀態，接受其協助，對人治病。與小規模原住民社會

的通靈者不同的是，新多神教徒並未從他們的祖先學習到這些神靈儀式。所以他們得以自由發揮，自創新的儀式。他們可能聚集在一處公認爲特別具有能力的天然地點——也可能就在某人位於都市的公寓內——圍成一個圈圈，點上蠟燭，擺出水晶，大家一起吟誦、詠唱、舞蹈、擊鼓，喚醒肉眼看不見的精靈。或許某個人會有神視，此人便引領團體，經歷一番富有想像力的內心旅程。

心理學家亞德里安·伊瓦基夫（Adrian Ivakkhiv）將新多神教的吸引力闡釋爲「對覺醒且喪失個人的現代世界觀的後現代反應」，茲引如下一段文字說明：

> 當代歐美社會發現自身所處的進退維谷現象是：就文化來說，我們對我們與在我們四周世界的關係，已經喪失了神聖的感覺。我們生活的這個世界是一個覺醒的世界，這個世界是由分離的，互不相屬的（或者至少在意義上毫無關連可言的）事物組成，我們在其中能隨心所欲的生活；但是我們不知道我們應該做的是什麼；或者說我們在這一切的正確位置究竟意義爲何。⑥

新多神教徒的圈子因此可被視爲試圖重建類似原住民文化所聲稱的，與宇宙建立神聖的意義與相屬關係。史塔霍克對此現象解釋如下：

> 我們祈求並且變成女神與神祇連繫一切的一切所達致的狀態。我們經歷到合一、喜樂、解放。我們因爲知覺的限制，對一首歌曲只能定在單一音符上的情形，都

化解了：我們非但聽到音樂，還跳著因存在的興奮而旋
轉的舞步。⑦

　　新多神教的運動極為多元。有些新多神教徒相當嚴肅；有些
則頗為情色性；有些玩世不恭，另外有些則富想像力且不拘一
格，他們從不同文化中選擇喜歡的神祇膜拜；有些則較為務實，
運用一些「消除壓力的」儀式來治療現代痼疾，以及唸咒語好在
擁擠的城市裡如願尋找停車位。
　　在美國各地，至少有六十個新多神教每年在戶外露營來舉行
節慶，讓信徒們有一個超現實的環境，置身於這個環境，他們超
越了平常的社會界線，想要做怎樣的人都可以，想要穿什麼樣的
服裝，或者一絲不掛赤裸身子都行，他們可以選擇任何「親屬關
係」的團體。這些慶祝活動可能是儀式性的升火，敘說故事，舞
蹈，也會針對感興趣的主題活動，例如透過塔羅牌（tarot
cards）、占星術、巫術、美洲原住民藥草及擊鼓等。儘管氣氛自
由，但參與者也不斷自我分析、討論那些行為是可被接受，又那
些是不被接受的。
　　多神教（異教）與數百年前盛行的「巫術」（witchcraft）的烙
印一直縈繫人心，因此新多神教徒有時被懷疑拜邪神或者舉行牲
祭。雖然他們堅決否認這些說法，許多信徒聚會時選擇在相對祕
密的地方，以免被發現與這些運動有關連。然而，來自俄亥俄州
的麻省理工學院學生薛琳‧里亞（Sherrian Lea）這位「走出掃把
壁櫥」的人現身說法，指稱對她及對許多人而言，新多神教給了
他們一種歸屬於古代傳統的感覺：

　　　我的遠古祖先，或者至少其中一小群祖先是異教徒

（多神教徒），他們相信精靈與仙女，在夏至與冬至、春分與秋分升火。我選擇信多神教而非東方宗教的部分原因是我有英國與德國的血統。如果我在二千年前活過，我可能就是採取這樣的禮拜方式。⑧

印度教

原住民與新多神教徒試圖重建他們的過去，印度則是許多非常古老但重疊的宗教原鄉。這些多元的宗教與哲學團體共享古老的吠陀梵文經典。通常人們稱它們為「印度教」（Hinduism）。其實對這些修行有一個更正確，但鮮為人知的名稱是**桑納坦納法門**（Sanatana Dharma），意即將社會與神聖的實在化的一切活動導引向至善。

無數修行法門的人，可以追本溯源到公元前二五○○年以前的印度遠古文明。有人認為某些年代據推斷更為久遠，應該是公元前第二個千禧年期間俄羅斯南部的雅利安移民帶進南亞次大陸的，不過這個理論目前卻引起熱烈的辯論。甚至有些虔誠的修行方法是在公元前第七世紀發展起來的。

在當代的印度，信徒以各種不同的方式崇拜、禮敬許多不同的神祇，唸各式各樣的經文。隨著信徒移民到其他國度，這些新的宗教活動也擴展到了海外，在世界舞台上，已有愈來愈多人留意到、也開始重視印度宗教追求的聖善德性。

■傳統信仰與儀式

儘管追求聖善德性的印度宗教有相當多不同的法門，但在所有信徒中卻能找到共同點。其一是在《**吠陀經**》（Vedas）內找到的共同基礎。這是一部年代已不可考的古老經書，由數千年前留

傳下來。《吠陀經》公認是世上最古老、最神聖的經典之一，其中蒐集**衆神的**（polytheistic）讚美詩歌，以及向宇宙間諸多擬人化的神祇各式各樣主宰勢力的祈禱文，此外還有佚名的聖者透過冥想體驗到唯一永生境界的啓饋珠璣智慧語錄。這些聖者察覺到整個宇宙源自一個無形無像的存有者（Being），祂不斷地參化每一個部分。正如一位聖智者如下闡釋的：

> 起初只有實存體（Existence）——唯一不二。祂，那唯一的，自忖：讓我化生，使生生不息吧。於是萬有真原形成了宇宙，祂進入每一個生靈內。萬有都在祂內。在萬有中祂是微妙的本質。祂就是真理。祂就是自性。還有一點，……祂就是你。⑨

這些聖哲體驗到每一個生命的**自性**，（印度語 atma，意即自我），均源自宇宙根源（大梵，Brahman）。因此，反觀自我可以發現宇宙真源。一旦我們體認到我們的「自我」與其根源「大梵」，我們便能超越對世俗的眷戀牽絆，邁入一個永遠安寧的境界。

桑納坦納法門的另一個主要教義是「自我」的**轉世**（reincarnation）。據說，我們的肉身死亡時，我們的「自我」會再借用一個新的肉身而再世爲人。這個過程就像是脫掉一件舊衣，改穿新衣。這個新的化身與我們所面對的經驗種種，就是我們的**業力**（Karma）——即我們過去所作所爲的後果——形成的結果。如果我們曾經折磨別人，我們在下一世就會備嘗折磨。如果我們的行爲舉止均符合永世不易的**法**（dharma）的原則——正直、道德的誡命——那麼我們下一世將過得非常平順。如果我們每一世都

非常努力地充分消除我們的業障，並且對大梵有所體認，那麼我們或將終於獲致脫離輪迴之苦後的自由自在，不再受生、死輪迴的罪苦。

　　從史前遠古時代開始，印度早已在實踐消除業障的修行與對「自我」及「大梵」的覺悟工夫。這個遠古文明留下的圖記顯示一個人盤腿而坐，心無旁鶩的專注冥想。這些修行概以瑜珈（yo-ga）名之，瑜珈的意思是「結合」——即個人的意識與「無窮意識」結合爲一。瑜珈的修行是藉調息與永恆取得協調，或者覆誦神聖的咒語，或者修習不可思議的能量進入人體之道，還有爲了心神專注而採取的目視法，以及能使心靈安寧並讓能量通體運行的姿勢。其目標不外乎要達到**三摩地**（samadhi，意譯爲「定」）的境界——即個人的覺性與永恆不易的道合而爲一。

　　在印度，有心人正大力重振瑜珈，但是拜神顯然比冥想更爲普遍。人們可能選擇無以數計的神祇。有人熱愛黑天王（Lord Krishna），視祂爲可敬愛的青春之神，兼啓發人靈的宇宙主宰。還有的人拜的是濕婆神（Lord Shiva），祂是苦修的始祖，摧毀的力量，整個宇宙因祂的舞蹈而運轉不息，祂的三摩地強大到足以吞噬威脅毀滅世界的邪毒。另外有人崇拜一些女神，如寶嘉瑪塔（Durga Mata），每當魔鬼把這個世界攪得天翻地覆的時候，她就會無私地前來協助眾神祇們，她騎著一頭老虎，宰殺所有邪魔鬼怪，將世界的宰制權還諸眾神。還有跟魔王打了一場可歌可泣戰爭的流亡王子拉姆王（Lord Ram），他後來依據「法」的原則統治王國，被譽爲最完美的統治者。還有人敬拜猴王哈努曼（Hanuman），牠完全獻身於拉姆王，因此能夠展現強大的功績。

　　眾神與眾女神的故事以及對祂們的崇敬，形成流傳於印度民

間的各式各樣宗教儀式。選擇某一特定神祇敬拜是十分個人的事情，甚至在同一個家庭裡，家庭成員都可能信奉不同的神。大家都能了解諸神僅是出自古籍經典所提到的，同一位「不知其名的天神」。

四處可看到敬拜活動。商家每天開市前一定會向他們商店的神龕上香、祈禱一番。很少機動黃包車沒有裝飾敬拜的神祇圖像。敬奉各式各樣神祇的神廟到處林立，這些神廟的祭司都能以鮮花、素果、供光、聖火儀式等行古禮。家家戶戶都闢有一個地方用來敬神，家人每天膜拜並照料他們的神像。信徒渴望直接經驗到神透過神像媒介顯靈。

這種熱愛信敬的至誠態度稱為虔信（bhakti）。印度許多大聖人都有這種熱愛信敬的心。十六世紀有位公主名叫米拉白（Mirabai），她熱愛黑天王，完全不顧俗世的一切。她一心敬愛這位神祇，捨棄了她的俗世角色，觸怒了她的親族，他們把她關進牢裡，甚至想要毒死她。她毫不在乎，只專注地在她的神像前獻舞。以下摘錄她的一首詩，這首詩至今仍被奉為熱愛虔敬神祇的縮影。她唱道：

> 我不能放棄對這樣一位仁慈主子的渴念！
> 獻上我的身心與財富
> 只為呈獻給祂。
> 祂的形象深藏我心。
> 來吧，我的伴侶，來看祂的臉龐，
> 用你的雙眼汲飲美麗。
> 一切行為舉止，無不是為了取悅祂。⑩

與男女眾神有關的節慶非常多，因此印度的年曆有一個特色，就是公眾假日非常多。人們也到諸神故事中提到的地方去做個人朝聖。朝聖者以千辛萬苦的跋涉，或爬到高山峻嶺的洞穴，或者遠征來到聖河，藉此希望消泯己罪，希望他們的呼求或能上達天聽。

　　此外有人對現世有聖德的宗教大師也進行崇拜。有聖德的男女聖者據說已開悟及成就大智慧，因此有能力指引他人求道的方法，也能以他或她的精神力量神奇地幫助別人、點化別人。在理想的關係中，門徒們都會忠信地順從大師的指點，淨化心靈。一個人若無大師的的點化，絕無可能戰勝**自我**（ego）的劣根性，以及自我中心對精神實現的重重阻礙。然而也有些人本身還不到開悟的造詣，也還沒有具備無私的服務精神，卻以大師自居，這種人難免誤導人，妄用了他們的信仰。

■當今桑納坦納法門現況

　　桑納坦納法門的多元面貌今昔一致。十九世紀印度改革運動如阿亞·薩邁（Arya Samaj），禁止偶像崇拜與儀式，但如今許多印度知識份子依舊奉行不渝。目前約有二千萬印度人加入史瓦亞亞（Swadhyaya）運動，這些義工根據從印度教經典中找到的原則去貫徹推動鄉村發展計畫。上山到聖地朝聖者與日俱增，每年多達數百萬人從事艱苦的跋涉。有些上師，如行奇蹟的薩亞·塞·巴巴（Satya Sai Baba），便吸引了大批的追隨者。每天的崇拜自古至今不曾改變。

　　「印度的」精神認同被當代基本教義派的 RSS（Rashtriya Svayamsevak Sangh）加以政治利用。相對於一九四九年的印度宗教教育分離主義，旨在化解佔大多數的印度教徒與相對少數的伊斯蘭教徒之間的緊張，今天印度的政治人士宣揚「印度化」為印

度的文化基礎，印度極端主義者正刻意研擬一套顯然帶有政治目的的議程。爲了加強他們的立場，他們將印度教重新定義，奉爲唯一的宗教，而不再具有兼容並蓄的特色。這種獨尊一派的作法，透過爲「世界印度社會」（Vishva Hindu Paishad）宗教組織定下的苦行規章大事宣傳。他們積極活躍，大力宣傳，藉其宗教認同，拉攏選民。其中包括大肆利用篷車，強調普世性籲求的象徵，例如所有印度人皆視恆河爲神聖之水等。這些籲求旨在促成印度人的團結，印度人的自尊因此得以推廣到全世界各地；移居國外的印度移民跟國內的印度人一樣，積極地在全球各地興建大型新寺廟。

非僅桑納坦納法門透過移民得以散播，打從十九世紀開始，早已有許多自封上師者遠離印度到外地廣收門徒。外國人起初不辨所以地追隨著，只要看到穿聖袍者便趨之若鶩地請求指導開示。到了二十世紀末，諸如歛財、性醜聞等弊端在這些信徒間爆發，許多在西方傳道的印度上師聲譽蒙羞受玷，導致一般人普遍對所有上師都起了疑心。雖然如此，對印度信仰的關注與禮敬仍引起非印度人的興趣，由旅居海外的上師所倡導的一些組織，勢力益爲茁壯。這些組織最大的特徵是，強調桑納坦納法門的某幾個方面——特別是冥想與敬拜上師——而排斥其他的部分。

■特寫　自我實現團契

印度最古老、最受尊敬的外來移植組織之一是「自我實現團契」（Self-Realization Fellowship），創始者是帕拉瑪漢薩·尤嘉南達（Paramahansa Yogananda，1893-1952）上師。有關他的著述《一個瑜珈行者的自傳》（*The Autobiography of a Yogi, 1946*）現已成爲現代靈學經典之作，且被譯成十八種語文。該書紀錄了尤嘉南達的神修歷程，其神視經驗，治病奇蹟，以及與印度有

力的宗教人物會晤的事蹟。讀者不難從書中明瞭桑納坦納法門的哲理——例如轉世、業力、冥想。作者對他的上師教導他的冥想方法有非常動人的描述，他說冥想的目的在於增進自身精神能量與宇宙的能量取得協調。尤嘉南達主張這個方法是達致與神合一的唯一捷徑，其他的途徑則不然，根據印度教經典的記載，如果按照其他靈修方法，通常一個靈魂可能需要歷經百萬年才會有進步。尤嘉南達除了保證能迅速獲致神修進步，還教導宇宙大愛與自愛，「因為你是神的子女，具有神聖的潛能。」⑪

　　二十世紀許多強調個人主義，注重快速進步並且熱中於印度教靈修的美國人，接納了尤嘉南達的神修精進計畫，拜他為上師。尤嘉南達遊遍整個美洲大陸，常常面對數以萬計的群眾講道，在俯瞰太平洋的加州興建了一座寺廟，並且成立一個**共修社團**（ashram）。團員同時敬拜黑天王與耶穌基督，因為尤嘉南達教導，耶穌的教義應該受到尊敬。尤嘉南達的講道將印度的神修與美國的實用主義合而為一。

　　尤嘉南達去世之後，他指定的繼承者——皈依他的美國弟子——透過他手創的自我實現團契繼續他的事工。他的精神因此長存。這個團契極有組織，係由全心奉獻的弟子們所經管，因此成員不斷增加。在此二十世紀末，已有數十萬人加入克利亞瑜珈（Kriya Yoga），更多人在家自修，而透過一項廣泛宣傳的計畫接觸到尤嘉南達理念的人則更多。目前由五十名全職工作人員經營出版，宣揚尤嘉南達教義的產品多達兩千項，其中包括錄音帶、錄影帶在內，這些產品都只收取成本費。目前在美國共有十個指導「善生」（how-to-live）的社區團體與寺廟，在德國也有一個這樣的共修社團，其總部則設在印度並負責擬訂各式各樣的社會福利計畫，此外，在四十四個國家也設立了自我實現的團契與

冥想團體。

　　尤嘉南達去世至今已經過了半個世紀，他創立的這個信仰組織仍在穩定成長，這個信仰組織的吸引力很可能到廿一世紀依然不減。對於住在神修中心勵行苦修的至誠西方信徒而言，他們愈是熟悉地經典印度經書神髓，愈不難明瞭與上古傳統桑納坦納法門密不可分的關係。許多人有緣讀到尤嘉南達的智言，但對認同印度教並不感興趣，他們注重的是個人靈修，希望追求體驗尤嘉南達保證踏實奉行冥想者所將感受到的內心平安、喜樂與精神昇華。他確認聖愛的普世性以及當今許多人追求的精神境界：

　　　　文明古國印度蒐集到的智慧是全體人類的遺產。《吠陀經》的真理與所有真理無異，均屬於神而非印度獨有……神就是愛。……每一位滲入「實相」核心的聖者都能驗證普世間確有一個神聖計畫存在，而且其間充滿喜樂與美……⑫

佛　教

　　與桑納坦納法門相較，佛教(Buddhism)在印度算是比較年輕的宗教。《吠陀經》的聖者認為與至高實有合一為終極目標，佛教則不然，它注重的是世間的痛苦現實，以及離苦的有效方法。這正是佛陀(Gautama Buddha)的體認，他出生於西元前五六三年，貴為王子的他，捨棄舒適奢華的宮中生活，自甘淪為一浪跡天涯的苦行者。他熱中追求的目標是找出解救人民脫離人間痛苦的方法。他離開王宮四處旅遊時，一再目睹人間的疾苦——生病、年老、悲愁、絕望。經過許多歲月的潛修，他終於達致開

悟(enlightement)，此後其餘生便致力於教誨眾人離苦之道。他廣泛地教誨經僧侶女尼彙整結集，從西元前第三世紀傳揚到十三世紀。到了二十世紀，許多西方人士也虛心受教，如懷至寶。

■傳統信仰與儀式

佛陀的中心思想在他的第一次講經說法中表露無遺。其精髓奧蘊是在〈四聖諦〉(Four Noble Truths)中：

> 1.人生免不了痛苦。人生是不完美的，
>   無法滿足的。——苦
> 2.痛苦源自我們的欲望。——集
> 3.有一個境界其中沒有痛苦。——道
> 4.有方法可以達致這個境界。——滅

佛陀提到滅苦的方法，他稱之爲八正道：正見(right undor-standing)、正思惟(right thought)、正語(right speech)、正業(right action)、正命(right livelihood)、正精進(right effort)、正念(right mindfulnses)、正定(right meditation)。

佛陀深入研究痛苦，達成以下的結論：人生無常。我們或許希望事物保持原貌不變，或者變成我們希望它們變成的樣子。我們希望牢牢掌控人生，事實上辦不到，因爲人生是不斷變動的。陽光普照是一時的，終必有降雨的時候；盛開的花朵終將凋謝；身體終將衰老。正如近代可敬的佛教大師阿揚‧蘇梅多(Ajahn Sumedho)所闡釋的：

> 想辦法安排、掌控並操縱情勢，以便總是能順我們
> 的意思，總是能聽到我們想要聽的話，總是能看到我們

想要看到的，如此我們永遠不必經歷不快樂或者失望，
這是痴人作夢。⑬

　　因此，終止痛苦唯一的方法只有自己要能脫離這種妄想。而
要做到這一步，佛陀勸世人徹底理解心的本質，淨化和敎化它，
因爲心靈是微妙、詭譎多變的。冥想是使心靈靜下來的方法，如
此它才能淸楚明白實相。這樣修練的目的在於獲得開悟——內心
直接對眞理了悟的覺醒。一旦達到收心，我們不論身處何種環境
都能夠過自在、喜樂的人生。達到這種終極澈悟的無我、寂靜與
極樂，稱之爲**涅槃**（nirvana）。
　　佛陀也正視業力的問題。正如桑納坦納法門，佛敎徒也渴望
從無止盡的生、死、輪迴過程中解脫，這個苦海是我們的妄念、
綺語、妄語、不當的行爲（身、口、意）促成的。這些也能靠堅決
實行冥想而予以終止。據說佛陀曾說過：「你好比一頭要奮力走
出泥淖的大象。」⑭
　　佛陀的敎誨在往後數百年間向東方傳播，並分成兩大派：一
是**上座部佛敎**（Theravada，一般中譯爲小乘佛敎），也就是「長
者的敎義」，今天斯里蘭卡、緬甸、泰國、柬埔寨與寮國都盛行
此派。這一派敎徒覺得其敎義保存了佛敎最精純的形式。另一派
稱爲**大衆部佛敎**（Mahayana，一般中譯爲大乘佛敎），其擁護者
覺得其敎義如一艘巨筏，比上座部佛敎敎義能渡更多的人。兩派
皆以尊佛陀爲宗師，秉承佛陀的敎義（佛法），都有許多弟子。
　　佛敎中不曾提到創世主的神。佛陀說還有許多事情他沒有說
明，但是在專注於滅苦這一點最有益處。雖然佛敎是**非有神論**
（nontheistic），但大衆部佛敎卻尊佛陀本性爲諸多宇宙中普世永
恆的原則。而上座部佛敎則認爲佛陀只是導師，他留給我們許多

的教義渡化我們。此外，大衆部佛教主張我們不但應該努力滅自己的苦，還應該幫別人滅苦。這個完美的典範就是**菩薩**（Bod-dhisatva），滿懷慈悲心的人，極盡努力修道開悟，爲的是要幫助其他痛苦的生靈也能達到開悟、自由自在的境地。

大衆部佛教的修行途徑很多，目前流亡到印度或美國等地的西藏佛僧，多以先進的禪修，藉以發展其自身內在的許多特質。而禪宗佛教則源自中國，但自十三世紀起即在日本發揚光大。禪宗的修行是由大師講述非常嚴格的禪定方法，幫助人們開啓「本性」（natural mind）。

■當今佛教現況

在此廿一世紀伊始，佛教顯然已吸引了西方世界許多受過教育人士的興趣。例如在法國，佛教目前是最流行的「新宗教」。從佛教書籍市場銷路的廣大，不難了解人們對佛教教義的渴求程度。在美國麻州波士頓的一家出版商，單單出版的藏傳佛教書籍便多達五十種。佛教修行講求嚴格的紀律，要求盤腿靜坐數小時，或數息冥想，或專注內心世界冥思，或者在行走中練習收心專注於行走。這種收斂心神的生活態度，與時下普遍強調勤奮工作賺大錢、爲享樂消費的文化正好針鋒相對。凡是對「老鼠競賽」的生活方式感到失望的人，都會轉向內在自由與喜悅感受的佛教修行。

當代佛教修行者日衆的另一個值得注意的現象是，婦女爲師的與出家的有增無減。佛教著重大慈大悲與心靈解脫，或許過去歷史上相當限制婦女講經說法這一點令人不免感到驚異。雖然佛陀確曾設立比丘尼修道場，而且說過婦女也能獲致開悟，不過在佛陀在世的印度文化中，婦女的角色只限於料理家務。婦女從屬於她們的丈夫與她們丈夫的家庭。後來，佛教界定下種種特定的

規矩，同樣要求比丘尼必須聽從和尚。例如，最資深的比丘尼必須向最後進、最低階的和尚敬禮、服從。

　　大家都知道，佛陀在世期間，有數以千計的婦女捨棄家庭生活，出家為尼，其中許多人獲得開悟而為後人所津津樂道。佛教東傳以後，不乏出現許多女性的神、菩薩而為人們所敬奉。然而，或許因為上座部佛教的比丘明顯反對女性的態度，在一千年前，上座部佛教盛行的國家，婦女出家為尼者完全消聲匿跡。在大眾部佛教盛行的國家，佛教界讓婦女享有比較平等的地位。影響力深遠的十三世紀禪宗大師道元（Dogen）說過：

　　　男人什麼地方比較優秀？……你根本應該敬仰尊崇的是一個切實履踐諸法的人，而不是考量究竟是男的或者女的這種事情。⑮

　　雖然如此，在大眾部佛教世界裡，講經說法的大半仍以男性為主。

　　隨著廿一世紀的到來，佛教界壓抑婦女聲音的情況已經大有改善，特別是佛教廣傳到歐美國家以後，歐美婦女要求在各方面獲享平等的權利。隨著佛教在美國風行，造就了一批美國土生土長的新導師，其中不乏婦女。有些是出家的尼；有些則是為人妻、為人母在家修行者，她們通常都受到東方大師嚴格的冥想修行訓練，足為別人的導師。她們共同的特徵是能將佛法用現代語彙翻譯出來，突顯佛法與當代生活的相關性，並能自創新的冥想方法。

　　儘管有些保守的亞洲和尚反對授予比丘尼住持的職份，但在台灣的星雲大師等多位佛教大師的支持下，如今已恢復由比丘尼

出任寺廟住持的舊觀。西元一九九八年，星雲大師親自對已臻佛陀開悟境界的一三五位比丘尼及十四位比丘主持剃度禮。星雲大師向他們強調，必須堅忍才承受得了權勢與艱辛所帶來的壓力。

在後現代世界，諸多生活上的艱辛激發了另一個現代佛教現象：以慈悲心爲出發點的社會公益活動十分普遍。除了作冥想，今天許多佛教徒還會舉辦和平遊行，積極推動掃除地雷計畫，要求社會展現公義，設法遏制破壞天然環境的行爲，以非暴力形式抗議種族屠殺。佛陀的話經常被引述如下：

> 仇恨絕不能止恨，唯有慈愛能夠終止仇恨。；這是萬世不易的法則。正如一個母親甚至不惜犧牲自己的性命也要保護她唯一的孩子，一個人更應該修心，以無限的寬大包容一切生靈。讓一個人滿懷慈悲的思想遍及上下整個世界，以及彼岸，沒有阻攔、沒有仇恨，沒有敵意。一個人無論是站、是行，或坐、或臥，只要醒著就應該保持這種心境。這樣才能在此世享福樂。⑯

■特寫　薩爾烏達耶

儘管佛教強調非暴力與慈悲心，亞洲部分國家在快速的現代化、經濟崩潰與政治壓力下，當地佛教徒經常被捲入社會衝突中。例如在斯里蘭卡，當地佔大多數的僧伽羅（Sinhalese）社區的佛教和尚，便極力鎮壓試圖分離出去，建立屬於他們坦米爾（Tamil）少數種族國家的印度教徒動亂。雖然暴動頻仍，到了二十世紀中葉，斯里蘭卡開始出現了一個佛教推動的社會計畫——薩爾烏達耶（Sarvodaya）（譯註：即人人幸福之意，爲印度聖雄甘地所主張建立的新社會之名）——將爲印度教徒、基督徒與佛

教徒等的鄉村發展繼續努力。

西元一九五八年，斯里蘭卡的一名教師，阿里亞拉特內(A.
T. Ariyaratne)博士在全國各地開始推動「薩爾烏達耶」計畫，
以佛教徒的方式闡釋印度聖雄甘地的新社會秩序理想，這個理想
與資本主義或社會主義有所不同。〔甘地(1869-1948)發起以非暴力方
式鼓勵人民拒絕服從，爭取印度脫離英國殖民統治。〕阿里亞拉特內博士
為薩爾烏達耶所下的定義是「全民覺醒」。他解釋道：

> 超越一切人為的種性制度、種族藩籬、宗教、國
> 籍，以及其他造成人類彼此隔離的種種壁壘，薩爾烏達
> 耶對全體一視同仁。薩爾烏達耶致力於去除造成人類痛
> 苦、焦慮以及恐懼的成因。⑰

在創立改善貧窮鄉村自助發展計畫後，阿里亞拉特內博士開
始訓練佛僧們協助執行這項工程，並以佛教徒的中心原則，以及
和尚們與他們的社區所在的各鄉村彼此間一向密切的合作為基
礎。目前已約有七千個村落以及兩千名和尚在推動薩爾烏達耶工
程，貫徹諸如闢建道路、灌溉運河、學前教育、社區廚房以及經
銷合作社等計畫。

阿里亞拉特內博士說，貧窮的原因是個人對社區的無力感在
作祟。為了消除貧窮，個人需要覺醒，也需要整個社區對社會、
經濟與政治各方面覺醒。村民們受到鼓勵去仔細探討他們共同的
問題——疾病、貧窮、衝突、停滯、壓迫——去發覺這一切全都
源自個人的問題，使得人們能在合作無間中看到成效。他們看到
了由於他們的自我中心、彼此互不信任、貪婪以及競爭，才造成
他們自己身受其苦。有了這個領悟，終於促成自動自發的合作活

動來終止痛苦。

在薩爾烏達耶，四聖諦與八正道的各層面，均與社區生活有了實際的關連。例如，八正道中的正念，討論的是注意村子的各種需要：「看看什麼是需要的——公共廁所、水源、道路等等，糧食夠嗎？有人淋濕了嗎？工具都放好位置了嗎？有人被剝削了嗎？」⑱

阿里亞拉特內博士說明這項計畫之所以成功，是因為具體實踐了佛陀的教義：

> 薩爾烏達耶意為個人與全體無一例外都覺醒了，都解梏了。「但願所有生靈都平安幸福」，這是佛陀的心願……在一個貪婪、仇恨、無知等充斥的世界中，是否有此可能，為了個人與社會的革新，大家都切實履踐讓大家幸福的思想。這個問題的答案要看斯里蘭卡數十萬村民的人生態度是否因為擁護薩爾烏達耶邁向發展的道路而有所改變。⑲

猶太教

世界五大宗教當中，在西方世界發展的最古老宗教是猶太教。猶太教的始祖亞伯拉罕（Abraham），一般認為大概屬於西元前一九○○到一七○○年之間的人物，早於印度的《吠陀經》問世之前。目前有三大宗教其精神傳統均與他有淵源，那就是猶太教、基督宗教、伊斯蘭教。這三大宗教的信徒總和超過全球宗教信徒總數的半數。猶太人目前的人口總數已不足為道，只佔全球人口總數的〇‧二五％，許多猶太族裔已不再信奉猶太教。雖

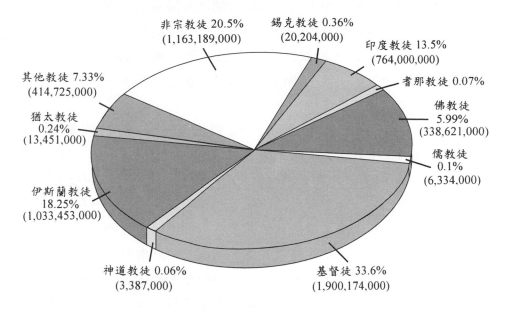

非宗教徒 20.5%
(1,163,189,000)

錫克教徒 0.36%
(20,204,000)

印度教徒 13.5%
(764,000,000)

其他教徒 7.33%
(414,725,000)

耆那教徒 0.07%

猶太教徒
0.24%
(13,451,000)

佛教徒
5.99%
(338,621,000)

儒教徒
0.1%
(6,334,000)

伊斯蘭教徒
18.25%
(1,033,453,000)

神道教徒 0.06%
(3,387,000)

基督徒 33.6%
(1,900,174,000)

圖示為現今世界各宗教的信徒比例狀況，各宗教的百分比是依據世界年鑑統計數字而來（括弧內的數字）。

然如此，猶太教仍是一個重要的傳統，以色列定猶太教為國教，在政治上它自有其舉足輕重的地位。

■傳統信仰與儀式

猶太教的基本信條明載於希伯來聖經（基督徒稱之為「舊約」）。這些著作被視為神聖的歷史，是上帝話語的紀錄。記錄內容從宇宙創造開始——實際上，關於創世紀有兩個故事——這一部書稱為創世紀（Genesis）。一開始的記載顯示，太初時地球本來是不成形、不存在的，直到上帝的氣息在它的水面上噓氣。這位超然的無形無相的上主創造了物質世界，然後才以神的「肖像」造了人。人被賦與管治地球所有受造的地位。

根據希伯來聖經記載，從此以後，歷史便圍繞著創世造物主

與人類的關係發展。早期的記載是有關地中海東部一個小地方的男女族長與其後裔的事蹟。最後,出現了一種觀念,那就是他們這些猶太人——因為他們來自一個名叫猶大地(Judea)的地方——是上帝特選的民族,他們的使命是改善這個世界,以期達到上主希望的完美和諧境地。

猶太人一再被提醒上帝跟他們訂了一個特別的**聖約**(covenant):「我是你們的上帝,你們是我的子民。」㉑一般相信上帝在摩西(天主教譯名為梅瑟)在世時(約西元前十二世紀)曾經介入人類歷史,親自解救以色列人脫離埃及人的奴役,在以色列人流浪曠野期間降天糧餵食他們,在戰役中保護他們,領導他們抵達富足的應許之地。雖然如此,猶太人的社會與猶太人民大體上並不特別變得完美,猶太先知一再提出警告,對人類的軟弱感到憤怒、不悅。更有許多訓諭要人們棄絕拜邪神,要切實遵循上主原本對傳奇的人類始祖亞當,以及在道德敗壞時期唯一正直、服從天主命令的人諾亞(Noah)所發佈的七道諾亞律法(Noachide Laws)。明令禁止拜偶像、褻瀆天主、縱慾、殺人、偷盜、食用有生命的動物。天主還諭令猶太民族建立法制,明確規範人類的行為。在摩西時代,據說天主又增加許多誡命,針對生活各層面作詳細的規範,例如那些食物可以吃,那些食物不可以吃。然而,最大的誡命就是愛天主。直到今天,一般歸屬摩西的訓諭將猶太教信仰表達無遺:

> 諦聽吧,喔以色列,天主是我們的上帝,唯一的主。你們要全心、全靈、全力愛你們的上主。㉒

希伯來聖經記載無數的英雄人物,其中也有不少違法犯罪

者。其中一個卓越的人物就是大衛王(天主教譯名爲達味),牧羊人出身的他,在西元前一千年左右建立了一個繁榮的以色列帝國,以耶路撒冷爲首都。在新約聖經聖詠集(又譯詩篇)中蒐集了許多獻給上主的動人詩歌,相傳是大衛王所作。這些聖詠是忠心事主特別盟約的例證:

> 主啊,我知道祢的審判是公正無私的,
>
> 　　祢叫我遭受磨難是理所當然的。
>
> 照祢給你僕人的許諾,
>
> 按祢的仁慈來安慰我。
>
> 願祢的仁愛臨於我,使我生活,
>
> 因爲祢的法律就是我的喜樂。㉒

　　耶路撒冷後來淪爲異族統治,在西元前五八六年,耶路撒冷大殿,也就是猶太人禮拜的中心,被巴比倫人摧毀了。許多猶太人被押解到巴比倫過著流亡生活。一小群猶太人民回到原地重建聖殿,但是到了西元七十年,第二座聖殿在一次反抗羅馬人占領的起義行動中不幸被毀。從此猶太人改在會堂聚會,一起讀經,共同舉行朝拜儀式。聖經經文——即成文的**律法**(Torah;托拉)已告完備;剩下的工作是闡釋、應用這些教律到現代生活中。這項工作由**拉比**(rabbi)負責——至今依然如此。拉比是經師、決策者,也是宗教儀式主事者。

　　巴比倫成了猶太宗教活動的中心。猶太人也移民到其他國家,長久之後,猶太人的足跡遍佈全歐洲,活躍於知識界、精神界與金融界,但是每過一段時間猶太人就遭到無情的迫害,其中尤以德國納粹統治時期掀起第二次世界大戰(1939-45)期間,屠

殺將近六百萬名猶太人爲最，這件事號稱**大屠殺**（holocaust）。繼大屠殺之後，部分猶太人致力於聖經上記載的，在以色列建立一個屬於猶太人的國家，作爲他們浪跡海外的結束。然而，以色列屯墾居民與世居當地的巴勒斯坦人，以及鄰邦之間的關係十分緊張，因此經常爆發武裝衝突。

　　儘管猶太人過去碰到不少困難，數千年來猶太人的精神始終維持一些不變的中心原則。猶太教是絕對的一神教，堅決主張只有**一神論**（monotheistic）。這位唯一的神創造了萬物，祂無所不在。猶太教始終宣揚天主的博愛。上一代必須謹慎仔細地教導下一代有關經書上記載的最大誡命：「你應全心、全靈、全意愛你的天主」，並在日常生活中一而再的復習。一個人的生活亦須按照上主對精神層面與世俗事務的律法規定而行。無論情勢變得多麼惡劣，猶太人總會振作精神，相信有朝一日彌賽亞救世主會前來拯救猶太人民，帶領他們進入一個普世和平的美好歲月。

■猶太教現況

　　過去一千年間，猶太人的精神繼續不斷地朝各個方向演化。當今猶太教順應現代化、全球化與理性世俗化的潮流，出現了極端的東正教派以及自由改革運動。在居少數的猶太人雜處於絕大多數爲世俗居民的生活環境下，許多猶太人早已捨棄了猶太教的禮儀，一般所稱的猶太人僅指其種族血統而言。至於奉教的猶太人，則因他們本身已不再受限於組織嚴謹的統一文化，而有各式各樣的猶太教供他們選擇。

　　改革派猶太教（Reform Judaism）始於十八世紀德國，原是爲了協助猶太人以現代詞彙了解他們的宗教，而非排斥猶太教視之爲守舊的宗教。在美國改革派猶太教的聚會頗受歡迎，猶太教的拉比都會出席這些聚會，他們以放諸四海皆準的詞彙解釋猶太

教，並鼓勵創新的觀念與嶄新的崇拜方法。保守派猶太教（Conservative Judaism）於十九世紀末興起於歐洲與美國，這一派較取向於維護傳統的拉比型態，這一派專注於現代嚴謹的原文分析，以為他們所認為的不斷以當代語彙重建信仰過程的一部分。改造派猶太教（Reconstruction Judaism）於二十世紀在美國形成，蔚為理性主義運動。這一派否定教義中有關超自然天啟的信條，此即天主代猶太人作超自然的干預，以及猶太人是天主特選的子民的這個信念。東正教猶太人拒斥這一切運動，視之為與世俗同化，相反的，他們擁護謹守專制式的歷史傳統。在以色列信奉正統派猶太教的勢力非常強大，但即使在當地，據估計也只不過有佔猶太人口一五％的猶太人嚴格遵守教規，將近三〇％的猶太人根本不守猶太教律法。㉒

二十世紀的猶太女權主義者與傳統的猶太婦女所扮演的角色呈現對比，她們試圖打破傳統僅見男性把持的角色，例如拉比的職務向來由男性擔任；她們並致力以女性的觀點來詮釋道德價值、靈性與神學。她們非常活躍，例如積極探討人類與自然環境的關係，探究上帝的「陰柔」面，並對猶太婦女生命中的大事，如生育子女等民間傳統，賦與神性的光照。

■特寫　哈西德主義

在此同時，許多猶太人轉而擁護自由派的信仰重建運動，或者根本捨棄信仰。在邁入廿一世紀之際，顯示驚人勢力的猶太教運動即極端東正教的猶太教儀式派哈西德主義（Lubavicher Hasidism）

「Hasid」這個字的原意是心靈特別親近天主的正直者。哈西德運動在十八世紀末期崛起於東歐，其領袖稱為**薩德**（Zaddik；意為猶太教近代虔誠派領袖）。第一位領袖名叫巴爾·

謝姆‧托夫(Baal Shem Tov，1700-60)，他的個人經驗強調心靈與天主的神祕連繫，強調以喜悅之心滿懷熱情的祈禱與崇拜。他能治病，也能教化人，足跡遍及東歐猶太人社區，遭致固有宗教組織的反對，但同時他也吸引了一批信徒。信徒尊哈西德派的領袖為上師，他的能力高強，能提升信眾的靈質水平。此一運動吸引許多人信從，及至第一次世界大戰(1914-18)爆發，它已成了歐洲猶太教的主流。而在第二次世界大戰「大屠殺」導致歐洲猶太人幾乎慘遭殺害之前，許多哈西德派猶太人早已逃到其他國家。

猶太教儀式派哈西德主義信徒隨著立陶宛的移民遷徙到美國。據他們的拉比說，他們的祖師就是巴爾‧謝姆‧托夫，還說祖師玄妙地傳授給拉比史紐爾‧札爾曼(Schneur Zalmann)繼承他。許多非哈西德派的猶太人與反閃族的非猶太人都反對史紐爾‧札爾曼，他本人更在俄國沙皇執政時期遭到監禁。雖然如此，據說許多人認為他具有相當的神力，許多高官請求他的祝福，不久他就獲釋了。他的繼承者(全體都採用史紐爾之子為名)也都難免牢獄之災。

西元一九一七年俄國爆發布爾什維克革命(Bolshevik Revolution)之後，俄羅斯興起剷除所有宗教的運動，一個特設的部門專責消滅猶太人。猶太教會堂被摧毀殆盡，拉比與信徒們遭到痛毆，最後全俄國境內只剩下少數幾個拉比。然而，猶太教儀式派信徒藉著在各城鎮間遷徙的地下學校度過了劫難。

在史達林統治期間，第六代猶太教儀式派拉比的社區被祕密警察滲透其間，這位拉比遭到逮捕與刑求。一身老病的他拒絕放棄他的靈修，在坐監期間仍公開祈禱。他被判處決，可是入獄三年之後卻奇蹟似的獲釋。到了西元一九七〇年代中期，在前蘇聯

高壓統治下猶太人開始覺醒了。年輕的猶太人開始再度祕密地按照傳統猶太習俗生活。雖然當地幾乎沒有拉比導師，海外的猶太教儀式派哈西德主義的拉比們，喬裝成觀光客進入蘇聯。猶太人祕密組織小團體研習古經教義。

美國必須面對的則是一個非常不同的障礙——人們對宗教的冷漠。當第七代史紐爾拉比傳人準備到美國傳教時，別的拉比都告訴他不必強調傳統的研讀教義，因爲旅居美國與加拿大的許多猶太人，早已放棄了他們的精神傳統，生活已經世俗化了。據說有一位拉比是這麼說的，「我的掌心長出毛的速度，要比猶太人開始研讀教義快得多。」其實不然，猶太教儀式派強調研讀教義的結果證明非常具有吸引力，許多丟了信仰的猶太人都回頭來找尋他們精神上的根。

根據哈西德派的說法，這個世界之所以背離正道，是因爲猶太人未能切實負起提升全人類到完美境界的責任。因此對社會貪污腐敗最佳的對應之道是每一個猶太人必須遵守傳統誡命，並致力愈來愈親近上主。具有領袖魅力的第七代史紐爾拉比，想出一項主動親近猶太人的計畫。他派出多輛裝備現代通訊設備的救世軍廂型車到各大學及其他可能尋回背離宗教的猶太人的地方去。他自己還不斷透過電話與其追隨者保持聯絡。

哈西德主義起初被認爲是奇特的極端主義者而遭到排斥，這一派經常穿著傳統服裝並嚴格遵守教規，足爲猶太人生活典範而贏得「超級猶太人」的雅號。愈來愈多的猶太人發覺唯物主義與世俗主義均不能令人滿意，而且毫無意義可言，紛紛轉向猶太教儀式派哈西德主義那種價值觀明確的傳統生活型態。有些婦女發現傳統父權制對男女角色所下的定義，讓她們得以從身處的現代性自由與破碎家庭的混亂中找到庇護所。以拉比爲中心仔細地培

養出一種強烈的社區意識。第七任猶太教儀式派拉比於西元一九九四年去世，生前未指定繼承者，此事令他的追隨者深感震驚。直到今天仍有些人來到他的墓地朝聖，尋求奇蹟式的指點與慰藉。他們相信他會從死中復活，認為他就是枯候已久的彌賽亞，最終將拯救猶太人結束流亡。面對廿一世紀的到來，這種極端東正教的猶太教，與自由闡釋信仰的猶太教繼續並存不悖。

基督宗教

跟其他任何宗教比較起來，基督宗教更是以創教者耶穌(Jesus，4BC-30)的誕生、教誨，甚至死亡為中心。耶穌是一名生平極少為人所知的卑微木匠之子，而他的母親瑪利亞（Mary）則相當受到尊崇。耶穌是猶太人，他常引述猶太經文。有些猶太人認為他就是他們等待許久的彌賽亞救世主，但大多數猶太人並不相信。耶穌宣道與足跡所到之處，不出猶大地(Judea)與加利利(Galilee)一六〇公里的範圍。他公開宣講前後大概只有三年的時間，然後就被釘死在十字架上。歷史記載沒有任何有關他的事蹟。雖然如此，以他之名基督宗教發展形成的新運動，如今在全球擁有居任何宗教之冠的信徒數目。值此邁入廿一世紀之際，全球三分之一以上，將近二十億人，自稱為基督徒。

■傳統信仰與儀式

耶穌的吸引力在於他的教誨力量。大概在耶穌死後四、五十年間，或許先藉口傳，後來才寫成的四部**福音**（gospel），形成了基督徒的聖經核心。基督徒的聖經包括希伯來聖經(基督徒稱為「舊約」)，以及耶穌死後據說神奇的復活，向他的門徒顯現之後，早期基督教領袖的傳教記實與書信。

四部福音記載許多耶穌所行的神蹟——治癒不治之症、行走

於水面上、以五餅二魚餵飽了數千人，使死者復活，將水變成酒。據說這些是天主王國來臨的徵兆，這些也可以作隱喻解釋。神奇地奉獻麵餅與酒，是耶穌死前「最後晚餐」（Last Supper）的預示。耶穌以酒與餅的分享建立了一項紀念他的儀式，耶穌說這是他的血、他的身體。基督徒相信耶穌以犧牲與無限的愛情自獻，信徒們領受他的寶血、吃他的肉，能夠自內蛻變轉化，獲得拯救。

耶穌根據猶太教義施教，把舊約的十誡延伸為真正急進的道德倫理。有一次許多群眾來聽他講道，並求醫治，他作了一次重要的講話，那就是著名的「登山寶訓」（Sermon on the Mount）（馬太福音第五章到第七章；天主教譯為瑪竇）。根據福音記載，耶穌說過：

> 應愛你們的仇人；當善待惱恨你們的人；應祝福詛咒你們的人；為毀謗你們的人祈禱。有人打你的面頰，你把另一面也轉給他；有人拿去你的外衣，你連內衣也讓給他。凡求你的，就給他；有人拿去你的東西，別再索回。你們願意人怎樣待你們，也要怎樣待人。若你們愛那愛你們的，為你們還算什麼功德？就是罪人也借給罪人……㉔

耶穌的第一大誡命是真心誠意的愛天主以及愛人，不要假裝虔誠卻沒有身體力行。他教導我們天主是慈悲為懷的，天主寬恕真正痛悔自己罪愆的人；凡是外表虔誠，自以為比別人優越的，不可能親近天主。凡是溫良的、哀慟的、心地潔淨的、神貧的、饑渴慕義的、憐憫人的、締造和平的，為義而受迫害的，這些人

特別受到祝福。我們應該完全隱諱的祈禱，「我們的天父」，在我們求祂以前，已知道我們需要什麼。當我們施捨時，不要在人前行仁義，不要叫左手知道右手所行的。我們應該尋求天國的窄門：「那導入生命的門是多麼窄，路是多麼狹，找到它的人的確不多。」㉕

耶穌常提到的天國指的是什麼？在耶穌生活的時代，猶太人民熱切期盼一位彌賽亞會帶領他們脫離羅馬人的高壓統治，建立以色列的天主的治權。耶穌一再說天國就要來臨，他施行治癒病人的奇蹟，有能力驅趕邪靈等，被視為天主全能進入世界的跡象。然而耶穌所說的國度並非指政治實體而言。耶穌提到天國時通常透過**寓言**（parable），以熟悉的實例教導人心。有時他提到的寓言是具**天啟**（apocalypse）的，預示末世會出現可怕的痛苦，例如：

> 人子要差遣他的天使，由他的王國內，將一切使人跌倒的事，及作惡的人收集起來，扔到火窯裡，在那裡有哀號和切齒。那時，義人要在他們父的國度裡，發光如同太陽。㉖

耶穌口中的上帝國度有時似乎指內在極樂的狀態，唯有皈依上主才能達到這個境界。他舉例解釋如下：

> 天國好像是藏在地裡的寶貝；人找到了，就把它藏起來，高興地去賣掉他所有的一切，買了那塊地。㉗

雖然耶穌宣講愛與寬恕，四部福音卻充斥對猶太拉比、經師

與法學士的尖刻批評。可能其中部分資料是後人加上去的，以區別新的基督徒與不信耶穌的猶太人。雖然如此，聖經上記載的這些針對宗教管理階層的抨擊文字，卻是放諸四海而皆準的。根據福音記載，耶穌說過，謙卑的小孩，悔改的稅吏與娼妓，要先於虛僞的宗教權威人士進入天國。耶穌以猶太經文質疑經師們的精神眞相，他稱他們是「瞎子的領路人；但若瞎子領瞎子，兩人必掉到坑裡。」㉓

　　猶太經師與羅馬當局協力把耶穌釘死在十字架上，宗教界指控他褻瀆，因爲他自稱爲天主之子，當局指控他犯了煽動罪，因爲他自稱「猶太人的王」。耶穌遭到毆打，被強迫戴荊棘冠，遊街示眾，最後被釘死在十字架上。根據記載，耶穌生前預見自己的死亡，事先說過他這樣犧牲是爲使信他的人得救。

　　耶穌被釘十字架後，據說他神奇的復活了，顯示出他的神性。他在死後復活發顯給心愛的門徒，他的門徒終於確信耶穌不是凡人，深信耶穌有能力舉揚他人進入永生，在此世以及死後，將大家帶進美善、慈愛、和平的「國度」。復活的耶穌賜門徒們神權與精神力量，要他們去繼續他的傳道工作。耶穌的門徒們在**五旬節**（Pentecost）領受聖神降臨（或譯聖靈降臨），每人頭頂上出現了火舌。雖然耶穌畢生主要是對猶太人講道，但根據記載，復活後的耶穌卻告訴門徒：

　　　　天上地下一切的權柄都交給了我，所以你們要去使萬民成爲我的門徒，因父及子及聖神之名給他們授洗，教訓他們遵守我所吩咐你們的一切。看！我同你們天天在一起，直到今世的終結。㉔

正如耶穌事先警告的，門徒遭到了頑強的反對與迫害。其中一名迫害者保羅（Paul　，天主教譯名保祿）遇到了耶穌，被耶穌感化，成了基督宗教廣揚最有影響力的人物。從西元後大約五十年到六十年起，保羅的足跡走遍地中海一帶，到處宣講福音。他想盡辦法勸服猶太人相信耶穌就是彌賽亞（希伯來文），就是**基督**（希臘文），就是他們等待已久的救世主，「道成肉身」的上帝是為了拯救全體人類，而非僅為了猶太人才來到人間。他還設法苦勸信仰其他宗教者，例如敬拜古老神祇者，勸告他們只能透過內心痛悔己罪，並信從耶穌的恩寵，才能獲得救贖，絕非僅靠外在符合教規的表現。

　　保羅對耶穌的本質與角色所作的詮釋，對基督神學頗有影響力。歷經數百年嚴酷的迫害，基督宗教成了羅馬帝國的國教。從此，按照耶穌傳教目標，基督宗教傳遍了世界各地。

　　然而基督宗教並非一統的。經過許多歲月，基督宗教出現了許多宗派。雖然所有基督宗教都基於透過耶穌的轉求信仰上帝（天主教譯天主），但目前基督教卻有將近兩萬一千個教派。回顧歷史，其中大多數基督教派均從全球基督宗教三大支脈演化形成。西元一○五四年，羅馬教會與東正教會正式分裂，其後，到了十六世紀，新教徒開始與羅馬天主教會分道揚鑣。儘管許多人致力於基督徒的合一，他們在神學與組織方面仍有許多地方彼此間未能化解歧見。

　　由於基督宗教係基於信仰耶穌為救世主，明認耶穌是信徒與天主之間的轉求者，基督宗教團體便出現各式各樣宣揚、鞏固這個信仰的方法。從基督宗教早期起，許多教會委員會便已仔細研訂了井井有條的**信經**（creed），並發展出**洗禮**（baptism）的儀式。根據最近世界教會委員會的宣布，經過水洗或浸水儀式象徵去除

個人罪愆的禮儀，基督徒「當下藉耶穌基督的復活力量，被提升到新的生命層次。」⑳

　　第三個藉由禮儀宣明信從耶穌的方式是聖體聖事（Holy Communion），或稱**聖餐禮**（Eucharist）。這是所有基督教形式中主要的**聖事**（sacrament）之一。聖事的意思是「奧跡」（mystery）。聖事是神聖的儀式，耶穌對崇拜他的人能夠將其奧祕通傳給他們。在聖餐禮中，人肉眼看不見的耶穌據說會親臨在麵餅與葡萄酒中，信友為紀念耶穌犧牲的身體與血而領受餅酒，耶穌以此為「聖約」，使許多人的罪獲得赦免。許多教會保留這項儀式，但只有受過洗的基督徒才可以領受餅酒。

■當今基督宗教現況

　　當今基督宗教已經有兩萬一千個不同的派別，自耶穌展開傳教工作以來，當代的基督宗教出現許多變化。當基督宗教廣為傳揚後，它便成了多元文化，而今個別文化更進而發展出別具特色的信仰表達方式。例如，二十世紀的非洲基督教會，在儀式中引進擊鼓與舞蹈，與歐洲莊嚴肅穆的崇拜方式迥異。非洲繼數百年來淪為歐洲殖民地之後，當地的基督神學家們開始重視非洲的靈感來詮釋基督信仰。自從西元一九六〇年代以來，非洲與拉丁美洲的神學家們發展出**解放神學**（Liberation theology），強調社會行動，幫助貧苦者擺脫社會與政治的不正義枷鎖。**女權神學**（feminist theology）則是挑戰教會父權制影響的知識份子所提出的新解，基督徒的思想與組織向來就帶有父權特色；提倡女權神學的知識份子肯定婦女的宗教經驗與透視觀點的重要性。此外，一個純屬男性的運動也逐漸增強聲勢，這個自稱「信守承諾者」（Promise Keepers）的團體，大半由白人中產階級的新教男信徒組成，他們在大型體育場舉行盛大集會，探討後現代的無力感與

孤立，以及他們無法信守對家庭與教會的承諾等問題，並尋求解決之道。最後，**合一運動**（ecumenical movement，猶指各基督教派）在二十世紀中葉出現，至今方興未艾，不同的基督教派彼此間積極努力搭建友誼的橋樑，而且對其他宗教信仰者亦伸出友誼之手。

當這些自由化運動敞開大門同時，保守的基督教運動卻也設法關閉他們的大門。基督教基本教義派於二十世紀初在美國興起，至今勢力依然龐大。基本教義派教徒反對現代科學研究聖經，與探究例如神創造世界等信仰的方式。他們主張他們認為「基本的」基督教信仰，包括相信聖經是默感寫成的具有權威的書，相信耶穌的神性與他施行的許多奇蹟，相信耶穌肉體果真復活，相信耶穌為信仰他的人們擔當罪過犧牲補贖，相信耶穌終將再來人世。二十世紀最後二十年間，基督教基本教義派與保守的政治勢力聯合起來形成的「教權」，在美國政治界扮演了一個重要的角色，並且積極反對自由化傾向，例如合一運動以及墮胎自由抉擇。

此外，當代基督教還有兩個充滿生氣的發展趨勢：**福音傳道**（evangelism）以及神恩經驗（charismatic experience）。自從基督教會初期以來，許多基督徒覺得他們應該廣揚福音訊息，勸化人們皈依基督宗教。到了二十世紀，這種福音傳播工作再度擴大動作，特別是在新教各派。他們或許能包容其他宗教，但最終他們覺得，只有透過信仰耶穌，人類才能獲得救贖。福傳工作者透過傳教士、到處旅行作耶穌見證的商人，透過基督教電台與電視台廣播、錄影帶、錄音帶、電影等媒介，以及用當地語文寫成的文學作品等，來執行他們的「迫切任務」（urgent task）。

至於目前的神恩運動（charismatic movement），係在一九六

〇年代形成，不過它的根源更為久遠。這一派信友尋求鮮活的聖神(聖靈)充滿的個人經驗，在禮拜天主時著重用情用心，而非理智。聖靈臨在的徵兆據說包括治病的能力，說預言的能力，還有舌音祈禱。神恩復興(charismatic renewal)運動出現於傳統的信眾聚會，也出現在新崛起的獨立運動，信徒參與者眾，他們奉獻的是出自內心的祈禱與崇拜。

■特寫　聖神同禱會

在神恩復興運動出現之前興起、至今仍不斷彰顯活力的是聖神同禱會(Pentecostalism)。這個用詞與耶穌的門徒在耶穌死後被聖靈充滿的經驗有關。根據聖經記載：

> 忽然，從天上來了一陣響聲，好像暴風颳來，充滿了他們所在的整棟房屋。有些散開好像火舌，停留在他們每人頭上，眾人都充滿了聖靈，照聖神賜給他們的話，說起外方話來。[31]

初期門徒們就這樣被賦與教導福音的能力，吸引眾人歸化信從耶穌。他們奇蹟式地開始說起聚集一堂的會眾各自所屬的當地方言。

由保羅致函新興基督教會的書信，不難發現這位門徒也擁有「神恩」，此外，在他影響下建立的教會中，聖靈充滿是一個常見的現象，然而聽眾並無法了解充滿聖神者所說的「語言」。保羅解釋他們不是在對人講話，而是在對上主祈禱。這種舌音祈禱現象被認為是一個人在聖靈內受洗的證據，尤其是這個人此後脫胎換骨。今天的聖神同禱會會眾覺得他們再度體驗到耶穌門徒們當年經驗到的聖靈降臨。他們還覺得他們的運動充滿了希伯來先

知約珥(天主教譯岳厄爾)(Joel)關於「末世」的預言。這位先知說,天主告訴他:

> 到了那一天,我要將我的神傾注在一切有血肉的人
> 身上;你們的兒子和你們的女兒要說預言,你們的老人
> 要看到夢境,你們的青年要見到神視。㉒

聖神同禱運動在二十世紀初發源於美國,其根源相當多。其中之一是,西元一八八〇年一個農奴之子查爾斯‧梅遜(Charles Mason)獲得奇蹟式的治癒。他因罹患肺結核瀕臨死亡,據說他經驗到上主明亮照耀的臨在,接著他就痊癒了。從此以後,直到他在西元一九六一年去世,他被人尊為神祕主義者、傳道者、虔誠敬主的典範,他在西元一八九七年創立基督內的天主教會(Church of God in Christ)。

西元一九〇六年,梅遜參加了在洛杉磯舉行的**阿汝薩街復興運動**(Azusa Street Revival)的聚會活動,這是當今聖神同禱會的另一個根源。儘管整個社會族群隔離現象分明,受非洲裔美籍牧師威廉‧席莫爾(William J. Seymour)啓發的阿汝薩街復興運動,使信友們不分種族大家團結一心。席莫爾是一個自修成功的傳教士,他的一隻眼睛是瞎的。前來參加他的復興聚會的信眾,主要是貧窮與失業的勞工階級。由於洛杉磯正由受墨西哥與美國影響,由務農小鎮快速轉型變成一個龐大的工業都市。在阿汝薩街感受到的神力,使信眾們得到安心。梅遜在復興聚會中形容他自己接受聖靈充滿的體驗:

> 一陣榮耀波濤般進入我內,我整個人充滿上主的榮

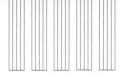
100

台北市信義路二段 213 號 11 樓

城邦出版集團

貓頭鷹出版社 收

貓頭鷹讀者服務卡

◎謝謝您購買《宗教的世界：廿一世紀宗教》

　　為了給您更好的服務，敬請費心詳填本卡。填好後直接投郵 (免貼郵票)，您就成為貓頭鷹的貴賓讀者，優先享受我們提供的優惠禮遇。

姓名：＿＿＿＿＿＿＿＿＿＿＿＿＿　□先生　民國＿＿＿＿年生
　　　　　　　　　　　　　　　　□小姐　□單身　□已婚

郵件地址：☐☐＿＿＿＿＿＿＿＿＿＿縣＿＿＿＿＿＿＿＿鄉鎮
　　　　　　　　　　　　　　　　市　　　　　　　　市區
＿＿＿＿＿＿＿＿＿＿＿＿＿＿＿＿＿＿＿＿＿＿＿＿＿＿＿＿＿＿

聯絡電話：公(0　　)＿＿＿＿＿＿＿＿宅 (0　　)＿＿＿＿＿＿＿＿
身分證字號：＿＿＿＿＿＿＿＿＿＿＿傳真：(0　　)＿＿＿＿＿＿＿

■您所購買的書名：＿＿＿＿＿＿＿＿＿＿＿＿＿＿＿＿＿＿＿＿＿

■您從何處知道本書？

☐逛書店　　　　☐書評　　　　☐媒體廣告　　☐媒體新聞介紹
☐本公司書訊　　☐直接郵件　　☐全球資訊網　☐親友介紹
☐銷售員推薦　　☐其他＿＿＿＿＿＿＿＿＿＿＿＿＿＿＿＿＿＿＿

■您希望知道哪些書最新的出版消息？

☐旅遊指南　　　☐社會科學　　☐自然科學　　☐休閒生活
☐文史哲　　　　☐通識知識　　☐兒童讀物
☐文學藝術　　　☐其他＿＿＿＿＿＿＿＿＿＿＿＿＿＿＿＿＿＿＿

■您是否買過貓頭鷹其他的圖書出版品？☐有　☐沒有

■您對本書或本社的意見：

光。因此我站起身來，當我雙腳直立時，一道光把我整個人包住，其光亮比太陽還明耀……我的舌頭改變了，我吐出的話語不再是我使用的語言。喔，我充滿了上主的榮耀。我的心靈得到滿足。我歡悅於耶穌我至愛的救主。㉝

　　聖神同禱會的教會試圖在人們內心激發像早期基督徒所擁有，且預期「末世」會經歷到的熱情信仰、虔誠與能力。梅遜順勢結合了福音的主題與非洲式的崇拜。他與他的傳教士領導的教會，開風氣之先，讓聚會的信友們圍成圓圈，以擊鼓和講道促成信眾自發反應，帶領會眾歡唱、讚美並做見證。他還鼓勵他們相信在天主的協助下，他們有完成各種事情的能力。都市的店頭（storefront）教堂式微了，取而代之的是由黑人工匠建造的非常巨大的建築物，捐獻絕大多數來自黑人信徒會眾。

　　有些屬於白人的聖神同禱會教會領袖攻訐梅遜將「巫毒文化」（voodoo culture）引入基督教。梅遜也曾因在第一次世界大戰期間提倡非戰主張而遭逮捕入獄。雖然如此，他的運動聲勢繼續壯大，而今在美國各大都市，都設有大型的「基督內天主教會」（Churches of God in Christ），每一個教會的信徒數目總在千人以上。其中規模最大的一個在洛杉磯，信徒人數達一萬三千人，共雇用一五五名支薪的員工，每年的預算高達八百萬美元。牧師解釋他們設法使教會成為照顧信友需要的地方，教會提供了寬敞的停車位，美好的音樂，真摯動人的講道。都市的牧靈工作依然充滿活力。每到週五晚上，聖地牙哥的教會成員都會四處到紅燈區尋找皈依信主的人，他們鼓勵娼妓與吸毒者回心轉意皈依上主。大約六成的聖地牙哥教會成員過去曾經是街頭遊民。

「在基督內的天主教會」主要成員是黑人，其事功之彰顯，連白人的聖神同禱會成員也不再嘲笑。西元一九九四年發生了「孟斐斯奇蹟」（Memphis Miracle）：白人聖神同禱會教派前往孟斐斯市請求寬恕，因爲他們沒有接納「基督內的天主教會」到他們的團契。他們解散了自己的組織，另外組成由多元種族構成的北美聖神同禱靈恩教會（Pentecostal Charismatic Churches of North America）。「基督內天主教會」的主教伊瑟爾·克里孟斯（Ithiel Clemmons）負責管理這個超團體。

　　黑人與白人聖神同禱會成員統合之後，彼此試圖不再區分種族，大家一心地崇拜，通力合作。其中試過的一個方法是，派遣黑人與白人聖神同禱會成員組團到監獄中作禮拜服務，同時幫助犯人處理他們的怨怒，設法幫助他們重建新生。克里孟斯主教總結這項運動的成就如下：

　　　　基督內的天主教會可說是美國自立傳承的首例。起先身爲佃農、農夫、受壓迫奴隸子女的人們，不要求任何人任何東西的一群人，遷居美國各大城市後，功成名就。他們覺得聖靈洗禮的經驗，能把不可能的「不」字去掉，因此他們能說：「透過基督堅固我們，我們無所不能。」㉞

　　從西元一九八二年以來，「基督內天主教會」每年以平均六百所的速度增加新的聚會所，目前信徒成員總數達六七五萬人。據估計，目前全球聖神同禱會信友高達四億五千萬人。在前蘇聯，聖神同禱會自西元一九二〇年代不斷增強勢力，甚至在嚴厲的宗教迫害期間，情況亦然。聖神同禱會的傳教活動在南美洲亦

十分蓬勃。在美國，聖神同禱會是所有基督教派中成長最迅速的，特別是在都市地區。

伊斯蘭教

基督徒視耶穌為神的兒子，而伊斯蘭教徒則不承認他們的創教始祖穆罕默德（Muhammad）先知（約570-632）具有神性。伊斯蘭教強調的重點在於熱愛並敬畏唯一真主「**阿拉**」（Allah，意即神）。

穆罕默德的出身是貧苦人家的孤兒，在今天沙烏地阿拉伯王國的某個地區當牧羊人。他二十五歲時娶他的雇主哈迪雅（Khadijah）為妻，哈迪雅成了他最堅強的支持力量。據悉他有個習慣，常隱身在一個山洞裡冥想。到了四十歲那年，有一次正在冥想時，據說天使加百利（Gabriel）顯現了，堅持自己是文盲的穆罕默德，開始默記天使口傳的話。在前後二十三年間，穆罕默德繼續接到這些啟示，這段經歷有時令他的精神感到非常痛苦。在先知的有生之年，天使協助他寫成神聖的《**古蘭經**》（Qur´an）（意即背誦默記，又譯可蘭經）。

穆罕默德被視為眾人效法的楷模，他受到眾人虔敬的尊崇，但是他否認擁有任何神力。伊斯蘭教徒也不認為穆罕德是唯一的先知，他們認為他是始自亞當，包括摩西與耶穌等一連串先知傳統的最後一位先知。亞伯拉罕（天主教譯亞巴郎）則是伊斯蘭教、猶太教與基督宗教公認的古聖祖先。根據《古蘭經》的記載，亞伯拉罕與他的兒子依市瑪耳（Ishmael）建造了一座「天房」（Ka´ba），位置就在今天的麥加（Mecca）。麥加因此成了阿拉伯民族的朝聖地，但是日子久了，他們背棄了亞伯拉罕的一神教，在聖殿裡設立許多當地神祇的偶像。

當穆罕默德宣布上天的啓示，指責民間崇拜許多神祇時，負責管理聖殿並從朝聖者身上賺取錢財的宗教當權人士都嘲笑他，向他丟石頭，沒有人相信他。在這段遭受迫害期間，他敘述升天夜的經驗（Night of Ascension），他飛越七重天，見到了亞當乃至耶穌等先知、導師，並蒙受聖神臨在的神恩。後來，承認他是一位先知的人，請他到如今名爲麥地那（Medina，意即先知的城市）的地方，麥地那於是成了他的精神與政治中心。在麥地那，他的信衆數目不斷增加，八年後他榮歸麥加，把麥加的偶像趕出聖殿，重新建立爲一神崇拜的中心。根據《古蘭經》的記載，一神教──信仰唯一的眞主──是人性最原始和基本的宗教信仰。

■傳統信仰與儀式

《古蘭經》的要義是對阿拉的實存與唯一的肯定，是「極富仁愛與慈悲」，凡是不聽信先知傳達阿拉訊息者，其命運將是悲慘的。《古蘭經》倡導的最主要美德是順服於阿拉的旨意。因此「伊斯蘭」（Islam）這個名詞，意思是「順服」。阿拉的旨意是什麼呢？根據《古蘭經》，上帝派遣許多信使傳達相同的永恆訊息如下：

> 他們奉命傳達的唯一訊息是服膺阿拉，
> 爲祂保守純潔無玷的宗教，
> 像天性正直與眞實無僞的人，
> 制定崇拜方式，
> 對有急難者慈善地伸援濟助，
> 這才是眞正的宗教。㉟

根據《古蘭經》的啓示，凡是不悔改並棄絕邪惡者，在來世

將因其不當行為遭到嚴厲的處罰。至於聽信先知傳達的訊息，行為正直的人，天堂大門將為他們而開。

真主只有一個，人類家族也只有一個。伊斯蘭教體認到沒有種族區分。根據《古蘭經》，猶太人與基督徒同樣也是天主訊息的傳達對象，在他們的聖經中也記載許多他們的先知傳達了上主的訊息，但是他們的追隨者引介了一些錯誤的教義。其中一個實例是基督徒對耶穌的崇拜：

　　這樣的事情不可能有：受賜聖經與智慧書的人，還有先知總部居然告訴人們，「你們要朝拜我而不用朝拜阿拉。」正好相反，（他應該說）「你們要朝拜祂。」㊱

雖然如此，《古蘭經》充滿對耶穌、他的母親瑪利亞、摩西、諾亞，以及亞伯拉罕等人物的讚美，並堅稱任何人都不得被強迫改變其信仰。

就外在言，伊斯蘭教的朝拜儀式係一致的以五根精神「支柱」，加上遵守規定的社會律法而成。第一根支柱是確信唯一真主(信真主)，以及穆罕默德先知傳達真主的旨意。雖然伊斯蘭教不以強制手段傳教，信徒卻有義務分擔皈依伊斯蘭教的傳道工作(daʾwa)。伊斯蘭教徒不但要敬愛阿拉，且要告訴他人有關阿拉的力量與慈悲，以便協助他人尋找正道。

第二根支柱是每天五次行拜功。其用意在加深一個人對真主阿拉的信仰，喚醒內在的良善，泯除內在的邪惡。拜功最好是在清真寺裡與別人一起集體誦念(即聚禮拜)，所有信徒必須面向麥加。他們肩並肩站立、屈身敬禮，彼此不分社會階層，但是男女通常分開膜拜。人一而再地在阿拉前俯伏拜倒。

傳統的回教朝聖活動，如今都以噴射機搭載信徒前往聖地麥加朝聖。圖為兩名朝聖者違反了齋月禁食的規矩，享用機上供應的餐盒。

　　第三根支柱是齋戒，特別是在齋戒月（Ramadan），也就是天使開始對先知啟示《古蘭經》的時候（回曆九月）。每年到了齋戒月，伊斯蘭教信徒整個月從清晨到日落，每天都必須禁食、禁酒、絕色、戒除暴力行為，以期達到內心的淨化，能控制慾望與情緒。

　　第四根支柱是樂捐個人收入扣除基本開銷後的至少二‧五％，幫助社會上收入菲薄的人，以平衡貧富差距。

　　第五根支柱是到聖城麥加**朝聖**（hajj）。所有伊斯蘭教徒一生至少一次必須到聖城作朝聖之旅。為此，每年一到約定時間，近兩百萬朝聖者必匯聚麥加。為容納這麼多朝聖者，當地興建了特殊的建物。朝聖涉及許多儀式，包括為紀念阿拉與伊斯蘭教歷史，群眾圍著「天房」（Ka′ba）繞行。來自全球的伊斯蘭教徒在此相聚猶如一家人，大家同樣套著沒有縫線的一塊簡單的布為

衣，然後帶著更新的靈感與全球都是兄弟姊妹的體認回到他們的社區。

■當今伊斯蘭教現況

在先知穆罕默德生前，伊斯蘭教非常興盛，傳揚迅速，促成許多新的文化。到了一五〇〇年，伊斯蘭教除了在發源地阿拉伯地區廣傳，還遠播到非洲、西班牙、中亞、印度、馬來西亞以及印尼。雖然如此，西方殖民擴張主義終歸橫掃上述其中許多地方。例如，印尼成了荷蘭的東印度，英國統治了印度，北非爲法國所掌控。在十九世紀期間，伊斯蘭教思想家針對西方在政治、經濟兩方面取得統御地位，開始痛苦地反省伊斯蘭教的弱點。

隨著二十世紀各殖民帝國解體，各個獨立的伊斯蘭教民族建立的國家如雨後春筍。就某一意義言，這些國家反映了穆罕默德的追隨者早期的分裂，一派是正統派(Sunnis，又譯素尼派)，另一派是人數較少的什葉派(Shi′ites，什葉派承認不同的師祖傳承)。當代學者不強調伊斯蘭教的這種分裂局面，而比較注重每一個伊斯蘭教民族國家的獨特特徵。例如，土耳其主張某一程度的政教分離。保守派的沙烏地阿拉伯躍爲石油鉅富國家後，便善用該國龐大的歲收改善人民的生活，並發展多項現代化設施，便利到麥加及麥地那朝聖的數百萬信徒。巴基斯坦比較窮困，卻是許多一流學者的家鄉。伊朗現代化後出現了一位高壓統治的領袖，一九七九年他的政權被推翻，促成伊斯蘭教革命，挑戰現代化的許多世俗影響。印尼是世上伊斯蘭教徒人口最多的國家，當地政府基於宗教多元原則治國，並未獨尊伊斯蘭教。印尼繁榮但貪污猖獗的經濟崩潰之後，伊斯蘭教徒可能取得領導地位。

姑且不論這一切民族差異，二十世紀末全球出現回教精神復興現象。到清眞寺朝拜的教徒不斷增加，單單在土耳其，每年新

建的清眞寺便有一千座左右。伊斯蘭教普遍切盼確定在當今環境下伊斯蘭教的重要性，希望依據伊斯蘭教理想發展出新的社會秩序。在伊斯蘭教社會中，再度回復傳統至上，強調衣著簡樸，教徒切實遵守伊斯蘭教五大規矩，並且發展偏重精神層面的伊斯蘭教教育模式。在阿富汗塔利班民兵組織控制下的地區，當局顯然致力建立一個十足的伊斯蘭教國家，其新規定包括不准足球場上鼓掌。看球的觀眾必須公平的對待交戰的兩隊，要高喊「阿拉是最偉大的！」(Allah Ho Akbar！)

　　伊斯蘭教復興運動包括致力引用隨著各種文化演化形成的**回教律法**(shariah)，而不採用世俗法典。前者是一種詮釋，而非一套法規。例如，有關婦女蒙面就沒有明確的指示。事實上，就高度父權制的族群文化而言，先知穆罕默德與《古蘭經》都首倡保護婦女，確立女權。例如，在一個視婦女爲私產的社會，婦女被賦予繼承權與私有權。然而，經過一段長時間，某些《古蘭經》有關婦女的暗示，被解釋爲她們應該隱居、蒙罩面紗。根據《古蘭經》，婦女在公共場所應該雙目垂視，包住她們的肉體以示謙虛──這樣做或許是爲了免於引起別的男人不必要的注意。然而，在極端主義的伊斯蘭教社會，婦女奉命從頭到腳緊緊裹住，外出時必須蒙罩面紗，甚或足不出戶。較開明文化下的伊斯蘭教婦女則行動自由，並不重重包裹與蒙面，但典型的樸素穿著少不了包覆頭髮與頸部的頭巾。

　　伊斯蘭教世界的變化對全球而言意義重大，因爲伊斯蘭教如今已成了僅次於基督宗教的第二大宗教。伊斯蘭教也是全球成長最快速的宗教。

■特寫　「黑人伊斯蘭教徒」組織

　　伊斯蘭教在美國的發展是一件有趣的事情。伊斯蘭教是在十

八世紀或更早以前傳抵北美的，起初是隨著移民與非洲奴隸輸入美國。如今一般認為，大約十四％到二○％的奴隸是伊斯蘭教徒。有些奴隸顯然懂得阿拉伯文，有些人拒吃豬肉、喝酒，謹守伊斯蘭教規矩。然而，奴隸不得自由、公開地禮拜；許多奴隸被迫改信基督宗教，僅保留少許他們的宗教傳統。十九世紀末期，大批移民潮帶來無數的中東伊斯蘭教徒，到了二十世紀，非洲裔美國人才開始注意到他們的祖先可能是伊斯蘭教徒的可能性。

最早引起注意的是一個是來自北卡羅來納州的窮人，這位原名提摩太・德魯（Timothy Drew）的人後來改名叫諾伯・德魯・阿里（Noble Drew Ali）。西元一九一三年，他在新澤西州的紐華克（Newark）首創「摩爾裔美國科學教堂」（Moorish-American Science Temple），幫助受壓迫的非洲裔美國人建立身分認同與自尊心。他教導他們，基督宗教是屬於歐洲白人與他們後裔的宗教，至於他們自己的出身，應該是摩爾人，是北非伊斯蘭教徒的後裔。他率先倡導的運動最後由其他類似的團體接棒。

阿里於西元一九二九年去世後不久。興起另一個主要的運動，領導者是穆哈默德（W. F. Muhammad）。此人可能是土耳其人或是伊朗人，但他自稱出生於麥加。他的教導與主流派伊斯蘭教並不相近，但是他堅稱非洲裔美國人已經悖離了他們真正的伊斯蘭教徒身分，應該回歸正途。他將他發展的運動定名為「在北美荒野中失而復得的伊斯蘭國度」（The Lost-found Nation of Islam in the Wilderness of North America）。此處的荒野是一種隱喻，意思是伊斯蘭教徒在世俗的物質文化中失落的處境；世俗物質至上的文化既不堅守伊斯蘭教原則，也不尊重黑皮膚的人種。他們的領袖來自喬治亞州，被尊為「神主的使者」的伊利亞・穆罕默德（Elijah Muhammad）。《古蘭經》肯定所有人類與所

有先知的合一，而伊利亞則不然，他教導仇視白人爲撒且的代理人。許多長期在白人壓制下遭受痛苦與生活貧窮的黑人都信從他。在受壓迫者居住的市區，興起了許多清眞寺，被勸導皈依的對象包括監獄的犯人，連非洲裔的非洲人社群中地位崇高的專業人士與知識份子也都信從他。伊利亞堅持人們必須完全擺脫過去的敗壞生活，自食其力，堅守崇高的道德，以及男女有別的傳統角色。如此他們當能提高自尊，經濟上也能自立。

「黑人伊斯蘭教徒」組織在黑人社會有頗高的聲望而備受敬重，他們也是美國內陸城市吸毒問題改善的重要因素。但伊利亞的傳教卻遭到白人基督徒與移民伊斯蘭教徒的撻伐，他們認爲他提倡種族主義，不符合原始伊斯蘭教教義主張所有民族合一的理念。他的大弟子馬康姆（Marlcolm X）赴麥加朝聖時，發現他的導師對伊斯蘭教的闡釋不同於主流派伊斯蘭教。馬康姆在麥加時體驗到信徒不分種族的兄弟情誼。於是他捨棄了白人種族根本就是邪惡的觀念。及後聽說他的導師涉及婚外情，違反自己堅稱的守貞。理想幻滅的馬康姆，斷絕了與「伊斯蘭國度」（nation of Islam）的關係，但卻在西元一九六五年一次宗教集會中被人暗殺身亡。然而，他的傳奇仍爲後世所稱道。他不但成了眾人崇拜的英雄，他切望「黑人伊斯蘭教徒」回歸伊斯蘭教信仰老家的心願也終告實現。

伊利亞的繼承者是他的兒子，瓦利斯・狄恩・穆罕默德（Warith Deen Muhammad），他頗受馬康姆的影響。他擔任領導者後，開始設法拉攏「伊斯蘭國度」與傳統伊斯蘭教之間的距離。他不再宣講種族主義的教義，從此確立了《古蘭經》的教義。慢慢地「伊斯蘭國度」贏得了正統伊斯蘭教徒的尊敬，西元一九八五年，「伊斯蘭國度」終於與美國的伊斯蘭教社群整合。

從此不再有「黑人伊斯蘭教徒」之名，大家都是伊斯蘭教徒。

　　同時，伊利亞以種族取向的伊斯蘭教**分支**（sect），則易名為「伊斯蘭國度」，其領導者路易士‧法拉罕（Louis Farrakhan）是一位具有領袖魅力的人，他能言善道，鼓勵伊斯蘭教徒團結抗拒現代世俗罪惡。他對白人壓迫作反抗，以確保他這一派在伊斯蘭教當中占有一席之地。

　　無論追隨那一派伊斯蘭教，皈依伊斯蘭教的美國婦女處境多少都會遭到困難。她們首先被教導要把自己全身包起來。她們發現許多清真寺與伊斯蘭教中心不歡迎女性前往膜拜，而且也不鼓勵婦女受教育、胸懷大志。她們學到的伊斯蘭教教義都是不太博學的男人教給她們的。對改信伊斯蘭教至少獲得自尊的非洲裔美國婦女來說，對伊斯蘭教教規要求她們不得拋頭露面簡直難以適應。同時他們發現在工作時，非伊斯蘭教徒常盯著眼看她們或者騷擾她們，因為她們以頭巾覆髮與眾不同。有些婦女甚至被告知，這些打扮不適合「公司形象」，她們因此被炒魷魚。雖然如此，許多婦女改信伊斯蘭教後，欣然接受當個家庭主婦的角色，成為穩定家庭生活重心的支柱，子女因此有人照顧而免於接觸到周遭文化的邪惡，兒童都能在敬仰阿拉真主的環境下成長。

　　從第一代非洲裔美國人改信伊斯蘭教算起，至今已經過了四代。起先被人認為這是對文化種族主義產生的消極反應，而今則成了多元的少數種族宗教，這些信徒堅持過較主流伊斯蘭教徒的嚴格道德標準的生活。北美洲的非伊斯蘭教族群對伊斯蘭教依然不了解，而不同背景的伊斯蘭教徒感覺難按教規一天行五次拜功及在齋月守齋。他們的聖日不是國定假日，然而每年一到了耶誕節，他們就得被迫跟著休假、不上學。社會觀察家呼籲非伊斯蘭教徒美國人留意少數族群伊斯蘭教徒數目漸增的現象，有人預測

到二〇一五年，伊斯蘭教將成爲美國第二大宗教。

結　論

　　探討過世界五大宗教以及原住民靈學之後，不難發現許多人信教是爲了在一個快速轉變的世界中尋求力量與指點迷津。對他們的追隨者而言，許久以前訂定的教義其實歷久彌新；儘管當代現代化、全球化的壓力——或許也因爲如此——今天這些宗教依然實用。今天一些活力充沛的宗教都是特別切合當代需要的。

　　從我們的特寫實例中，我們看到了新多神教主義——一種有點自由創新的再度肯定原住民靈學的發展——爲人們與大自然、靈性根源的疏離感提供了解方。印度教「基本教義」與較爲自由以冥思爲基礎的運動像是自我實現團契等，係再借用一些古老的桑納坦納法門，從中找尋力量。佛教的經典教義現已掀起全球知識份子的高度興趣，並視爲對後現代病態痛下針砭的有效療法，以及社會改革努力，例如薩爾烏達耶發展的基礎。猶太教的復興運動則包括自由派女權主義，乃至極端保守的儀式派哈西德主義。基督教的運動蓬勃發展，從排他的嚴格基本教義派，乃至激勵人心的聖神同禱的運動，在耶穌的愛內跨越種族界線，對因爲現代化而在經濟上遭到排斥的人們，特別有振奮激勵的作用。伊斯蘭教目前出現全球復興現象，在美國，非洲裔美國人對它特別嚮往，視爲傳統價值觀生活的支持力量。

　　介紹過時下全球的宗教現況，下一章將要探討的是新興宗教運動如何在舊有的宗教中興起，又如何廣傳、維繫不墜。我們生活於這個變化快速、活力充沛的時代中，經常會看到這些發展過程。

註釋

①西雅圖酋長的證詞。

②摘自約翰‧奈哈德(John Neihardt)所著《黑麋說》(*Black Elk Speaks*)(紐約：袖珍書出版社 Pocket Books, 1972), pp.208-9。

③參考朱利安‧柏格(Julian Berger)著，《蓋亞初民圖表集》(*The Gaia Atlas of First Peoples*)(紐約：雙日錨社 Doubleday Anchor Books, 1990), p. 167。

④瑪歌‧艾德勒(Margot Adler)著，《果汁與神祕》(*The Juice and the Mystery*)收錄在 J. Plant 編輯的《療傷：生態女權主義的許諾》(費城：新學會出版社，1989), p. 151。

⑤Starhawk 著，《旋轉舞：一位偉大女神所創古老宗教的重生》(*A Rebirth of the Ancient Religion of a Great Goddess*)修訂版，(舊金山：哈潑出版社，1989), p. 27。

⑥Adrian Ivakhiv 著，《因現代危機應運而生的神祕宗教復興：後現代深度心理透視》(*The Resurgence of Magical Religion as a Response to the Crisis of Modernity：A Postmodern Depthh Psychological Perspective*)，由 James R. Lewis 收錄在其編輯的《魔術宗教與現代巫術》(*Magical Religion and Modern Witchcraft*)(紐約阿爾巴尼：紐約大學出版社，1996), p. 242。

⑦出處同上，p. 157

⑧Beth Wolfensberger 在波士頓雜誌(Boston Magazine)1992年 5月期刊中發表《異教徒去而復返》(*The Return of the Pagans*)一文中引述薛琳‧里亞(Sherrian Lea)的談話，p. 60。

⑨暢多亞‧烏潘尼沙德(Chandogya Upanishad)所著《奧義書》(*The Upanishads*)(為印度教古代吠陀教義的思辨作品)由史瓦米‧布拉哈瓦南達(Swami Prabhavananda)與弗瑞德里克‧曼徹斯特(Frederick Manchester)翻譯(紐約：Mentor Books 出版，1957), p. 46。

⑩米拉白(Mirabai)公主所著《米拉白的虔誠詩篇》(*The Devotional Poems of Mirabai*)，A.J.Alston 譯(德里：Motilal Banarsidass 出版，1980), p. 39。

⑪帕拉瑪漢薩‧尤嘉南達所著《處世藝術》(*The Art of Getting Along in this*

World 》，由自我實現團契雜誌轉載，1996春季號，p. 4。

⑫帕拉瑪漢薩‧尤嘉南達所著《 一個瑜珈修行者的自傳 》(*Autobiography of a Yogi*)，(孟買：Jaico 出版書屋，1946；印度文版，1974)pp. 489-90。

⑬當代佛教導師阿揚‧蘇梅多(Ajahn Sumedho)所著《 當下即識知 》(*Now is the Knowing*)著作年代不詳，pp. 21-2。

⑭出自《 Dhammapada 》 P. Lal 譯本(162/92雷克花園，加爾各答，700045，印度)，P. 152。(原出版：紐約 Farrar, Straus & Giroux 公司，1967)。

⑮安妮‧班克勞福(Anne Bancroft)在《 佛教中的女性 》文中引述道元(Dogen)說的話，該文收錄在烏蘇拉‧金恩編輯的《 全球宗教中的婦女 》(*Women in the World's Religions* 》(紐約：Paragon 書屋，1987)，p. 99。

⑯佛瑞德‧伊普斯坦納(Fred Eppsteiner)編輯的《 悲憫之路 》(*The Path of Compassion*)第二版中引述梅塔‧蘇特拉(Metta Sutra)的話(加州柏克萊：Parallax 出版社，1988)，p. xix。

⑰阿里亞拉特奈(A. T. Ariyaratne)博士在接受第九屆尼望諾和平獎(Niwano Peace Prize)時的答謝詞，收錄在 Joel Beversluis 編輯的《 全球宗教社會原始資料 》(*A Sourcebook for Earth's Community of Religions*)修正版。(密西根州大湍市： CoNexus 出版社，1995)，p.300。

⑱喬安娜‧梅西(Joanna Macy)所著《 佛法與發展：在薩爾烏達耶自助運動中的宗教資源 》(*Dharma and Development：Religion as Resource in the Sarvodaya Self-Help Movement*)修訂版。(康涅狄克州西哈特福市：Kumarian 出版社，1985)，p. 37.

⑲阿里亞拉特奈博士所著《 薩爾烏達耶：斯里蘭卡自助計畫 》(*Sarvodaya：Self-Help in Sri Lanka*)，收錄在 M. Batchelor 與 K. Brown 合編的《 佛教與生態學 》(*Buddhism and Ecology*)，(倫敦：Cassell， 1992)，p. 78。

⑳基督教舊約〈 利未記 〉(天主教譯：肋未紀)第26章第12節，《 塔納克：猶太教聖經 》(*Tanakh：The Holy Scriptures*)(費城：猶太出版學會，1988)。

㉑猶太教塔納克舊約申命記第6章第4節。

㉒塔納克詩篇(天主教譯聖詠集)第119篇75-7節。

㉓參閱掃羅・帕泰（Saul Patai）所著《以色列對宗教的世俗觀》（*A Secular View of Religion in Israel*），收錄在 Raphhael Patai 與 Emanuel Goldsmith 合著的《現代猶太敎大事紀與發展》（*Events and Movements in Modern Judaism*）（紐約：Paragon 書屋，1995），pp. 183-96。

㉔路加福音第6章第27-33節。

㉕馬太福音第7章第14節。

㉖馬太福音第13章第41-43 節。

㉗馬太福音第13章第44節。

㉘馬太福音第15章第14節。

㉙馬太福音第28章第18-20節。

㉚世界宗教聯合會，〈洗禮、聖體與牧職〉，見信仰與秩序報告第111號，日內瓦，1982，p.2。

㉛使徒行傳（天主教譯宗徒大事錄）第2章2-4節。

㉜舊約約珥書（天主教譯岳厄爾書）第2章第28節。

㉝喬依・麥斯威爾（Joe Maxwell）在《建立（基督內上主）教會》中引述查爾斯・哈里遜・梅森的話，載於《今日基督宗教》（*Christianity Today*）1996年4月8日，第40卷之4，p. 22。

㉞喬依・麥斯威爾引據 Ithiel Clemmons 主教的話，見《今日基督教》，p. 28。

㉟古蘭經第95章第5節，根據 M. A. Haleem Eliasii 自 Mohammad Marmaduke Pickthall 英譯本改編的再版《古蘭經：羅馬體經文直譯》（The Qur'an：Trans-literation in Roman Scrpit）修訂版（德里：Jama Masjid, Madeena 公司，1990）；以及 Abdullah YusufAli 的《古蘭經》，及由伊斯蘭教研究院長修訂改編的《意義與評註英譯》修訂本（麥地那：法赫德國王聖古蘭經出版公司出版，無年份標明）。

㊱古蘭經第3章第79節。

3 新興宗教運動
New Religious Movement

從十九世紀起直到二十世紀，興起了許多新興宗教，全球宗教成分因此愈趨複雜。自二十世紀中期以來，已有數千種宗教出現，每次的社會變化時期也為新運動提供了沃土。現代個人主義精神，特別是在工業化經濟體制下益為強化的個人主義精神，為人們提供機會去擁抱吸引他們的任何宗教——世界上不論新舊的各地宗教——而不再自動追隨他們父母親的宗教信仰。在工業化的日本都市，據估計有三成人口接納新興宗教運動，而非歷史悠久的神道教與佛教。

新興宗教運動是極為多元，有關它們的概論幾乎沒有。然而在本章中，我們要探討的是新興宗教興起與最後終於能組織起來並繼續發展的過程。正如前一章，我們首先將分析一般過程，然後針對持續較久的新興宗教實例作特別報導，說明它們形成至今的形式，由這些宗教的活力推斷，說不定它們將會在未來繼續茁壯。

為討論此目的，所謂新興宗教運動的定義是指在過去兩百年

間興起並持續至今的宗教而言，這些新興宗教均尚未明顯成為主流宗教。但這並非指它們與從前的宗教信仰無關。幾乎任何一種新興宗教運動都能找到過去的影子。研究新興宗教運動的專家提摩太·米勒（Timothy Miller）教授斷言：「人類文化總是從老舊的演化，不斷更新以至於今。沒有任何文化真空可以興起任何新事物。」①今天全球五大宗教一度也是新興宗教，也曾一度面臨類似的阻礙，一如當今新興宗教運動所面臨的情況。

新興宗教的創始者

面對當今社會中這麼多強有力且根深柢固的宗教，新的聲音如何宣揚新的真理呢？什麼人會傾聽他們呢？今天有相當多的人自稱聽到了上帝的聲音，或者發出預言，對整個地球的前景發出悲觀的訊息。在這許多聲音——不論其神聖與否——當中，究竟那些聲音吸引他人的注意？其他人如何確定這些新先知的真偽？

當穆罕默德開始告訴人他從一位天使那兒聽到真主阿拉的聲音時，起初並沒有人相信。他說最後死者都將復活，面對可怕的審判日，這個宣講特別為人所不能接受。宗教當局還認為無稽，拿石塊砸他。只有他的妻子、他的表兄弟、一個朋友，還有一個奴隸確信他所說的是神聖真理。或許他早期的傳教工作最令人折服的一個特色是，雖然他是個文盲，卻默記許多震撼人心且美麗動人的詩歌，這本身就有相當的說服力。在此之前，他向以誠實正直著稱。於是有一群朝聖者請他加入他們，協助他們化解他們城市中的社區緊張。他草擬了一套法規，後來率領人民攻打麥加人獲得勝利。根據傳說，先知穆罕默德抓起一把石子向他們丟過去，由於他的手充滿了阿拉的神力，麥加人被打敗了。從這些跡象來看，我們能夠辨明人們開始追隨先知穆罕默德的幾個原因：

他說過，他獲得上天神聖的啓示，有些人認爲其中具有眞理，他備受敬重，在政治方面敏銳精明，在他四周似乎常會發生奇蹟。

主要宗教運動的創始者還有一個令人佩服的特質是，他們都肯爲了幫助人類而犧牲自己的安適。佛陀與摩西都捨棄了原可過得優渥舒適的王國，對受苦受難者伸出援手。第九任錫克教上師與耶穌，更捐出了自己的性命。

吸引人們趨近新興宗教領袖的特質，因人而異。例如，穆罕默德的政治敏感便不是所有宗教運動始祖共有的特徵。然而許多宗教領袖都具備兩項領導特質：具有群衆魅力，以及據悉都獲得上天的神聖啓示。

■領袖魅力的領導風格

領袖魅力（Charisma）的定義是富有群衆魅力，懷有熱誠與奉獻精神，能激發群衆追隨的特質。較正式的用法始於二十世紀初期，研究宗教社會學基本要素的學者馬克斯・韋伯（Max Weber），正式以「領袖魅力」形容「某一不同於凡人的人格特質，具有超自然能力，或者至少具有異乎常人的能力或特質。」②

領袖魅力是罕見的特質，自然流露的領導力，吸引無數人追隨。一位現世的印度教上師，名爲安里提亞南達・瑪（Amrityananda Ma）便具有這樣的能力。她只不過將人們抱在膝上、緊擁他們，然而她的非凡能力就能使人們覺得擺脫了苦惱，心靈獲得了安慰；數以千計的群衆追隨她到天涯海角。另一位二十世紀的非凡人物是印度教上師薩亞・塞・巴巴（Satya Sai Baba），他似乎能在手中或者畫像上神奇地製造聖灰，許多人說用過他的聖灰後就得痊癒。於是人們到聚集他跟前，尋求他的祝福。

一位具有精神領袖魅力者，擁有激發人「盲目信從」的能力。追隨者或許覺得此人受到神聖啓發，因此擁有神授的行奇蹟

能力。或許最大的奇蹟是讓使群眾從內心產生變化，因此他們的思想與生活都顯著的改變。

■特寫　普拉胡帕達

在二十世紀期間，西方世界見證了個人昇華的奇蹟：許多年輕人捨棄了流行西方文化，身披袈裟僧袍，走上街頭，誦唱上主的印度名字，兜售印度古經。這就是克里希納(Hare Krishna)教派復興運動，今名為「國際克里希納意識學會」(ISKCON)。此派領袖史瓦米·普拉胡帕達(Swami Prabhupada)是一位七十歲的印度老者，他在一九六五年來到美國，身上只帶著一塊錢美金，以及六百本他親自翻譯的印度經本。強烈的使命感使他發揮無比的力量。他的上師教導他要去宣揚讚美克里希納(黑天神)，因此他每天晚上半夜起身從事翻譯。他雄心勃勃的計畫就是要從印度崇拜克里希納的傳統中，取其基本經文加以翻譯(最後他終於完成了六十部，而且還加註釋)，並且訓練一批門徒，形成一個組織，再對外方宣揚教義，以期促成意識上的革命。他是如何完成這個奇蹟的呢？他的私人祕書寫道：

> 這一派信徒從神學的角度回答了這個問題：普拉胡帕達正是上天選定向全球傳揚采坦耶(Caitanya)神克里希納信仰旨意的工具，如此便滿全了經文上所記載的先知的話，同時實現了他對上師所作的承諾。史學家與社會科學家則對這個問題提出比較世俗的答案：普拉胡帕達的成功大半歸功於年輕人反社會的現實，年輕人的心態偏好尋求異國風味，而不重視傳統社會，東方宗教大行其道，熱衷的信徒全心全意獻身出版與經銷數目驚人的書籍雜誌與慰藉的禮物，披頭合唱團也著迷於這種吟

唱。顯然，這一切就是促成這派宗教風行的因素。然而這個教派的崛起與生俱有一個最重要的因素：普拉胡帕達這個人——他有非凡的心靈，著作等身，悲憫熱情，精力無窮，無畏的自信，精敏的判斷，還有出眾的組織能力。③

　　普拉胡帕達以其領袖魅力領導有成的 ISKCON 運動，在他去世之後即在美國式微了，該教派的領導階層也出現分裂，然而這個教派卻在包括英國在內的各地繼續茁壯。在英國，這個教派購買了一座大莊園，可容納數萬人參加宗教節慶活動。重點在於崇敬深具非凡力量的黑天神，人們通常以俊美青年吹著笛音，吸引祂的愛慕者來形容祂。

啓　示

　　如果說普拉胡帕達係根據古經以及十五世紀印度采坦耶神拓展傳揚的熱愛神祇傳統（見 P.68）——以及他個人深具領袖魅力的領導能力——促成了宗教復興運動，當今新興宗教崛起則經常是來自超自然力量給予的新啓示。不同的宗教有不同形式的啓示。在原住民宗教中，夏曼人是特別受過訓練來「接應」超人類靈體的人，據說另一個世界的靈體會透過他們處於出神狀態之下發言，藉此協助人類進入與靈界力量接觸的適當關係中。在猶太教與伊斯蘭教中，例如摩西、多位先知以及穆罕默德等人，據說都受到上主或者天使給予精神上的教導，他們將聽到的訊息傳達給他們所處的社會。在基督宗教中，耶穌本人以神的啓示進入人類的歷史。在印度宗教裡，聖者在內心體驗到萬事萬物的和諧。而在源自東亞的各種宗教裡，啓示指的是明瞭自然法則，或者社

會秩序。然而，無論在那一種情況下，啓示通常都是指隱晦不明的事物彰顯或者證明其玄祕性而言。

　　如果一般凡人都不能了解這個訊息，他們如何能夠評價其眞理？在牛津大學任教的基督徒教授凱斯‧華德（Keith Ward），在分析各種宗教的啓示時，便抱持著質疑的態度：

　　　　「神語」（gods speaking）的模式，即便這就是夏曼與歷代先知典型描述的情形，也未免太拘泥於字面解釋與擬人化了。這並未能適度描敘先知經驗的模稜兩可性質，事實上，其中多半充滿錯誤，並沒有確切的方法分辨對錯，除了後知後覺。
　　　　　精確的說，我們擁有的就是人的洞察力，或據悉在夢中或神視中的頓悟，這些悟性是從諸神來的神視或者妙音點化的結果……人們可能會想，神難得找到一個跟祂的神性合拍的靈魂，竟以這樣的方式達到充分溝通神的旨意。④

　　自成一派的各宗教信徒都覺得他們的先知富有啓發性的話語，是最佳或者唯一的眞正啓示，而新興宗教的創始者則聲稱，眞正的新啓示已賦與他們了。接受這些新的眞理聲明是一大問題，往往造成新舊宗教信徒一分爲二。

■特寫　末世聖徒教會的史密斯

　　約瑟夫‧史密斯（Joseph Smith, Jr., 1805-44）是末世聖徒教會運動的創始者，他聲稱接獲一卷神聖經本，其內容與基督徒的聖經相近，爲後者的補充。他自少年時期即十分關注基督教各派間的教義差異，史密斯爲此祈禱尋求上主的指引。據他說他的禱

告蒙主俯允，賜予他神視，得見耶穌、上帝，以及天使之父——摩門(Mormon)，及早在十四世紀以前即在一些金質的平板上鑴刻的經文。根據這位天使信使的說法，在這些金板上，還刻載了耶穌對美洲許多老早自耶路撒冷遷徙至此定居的宗族顯現的歷史。史密斯聲稱他在此一神祕經驗中被導引找到上述的金板，並將上面某種不明文字的記載逐譯成英文，隨後他說「那位信使要回了金板，我將它們交給他，自此，他保管它們直到今天。」⑤史密斯的說法據說獲得十一位見證人的證實，這幾位證人記錄史密斯曾向他們出示過的那些金板：「而我們也見過在那上面鑴刻的文字，的確全是古代作品的樣子，其技藝十分奇特。」⑥

信從史密斯教義的人全賴於對啟示金板奇蹟的深信不疑。史密斯說他自金板刻載文字翻譯而成的《摩門經》(*The Book of Mormon*)是聖經的附錄，是上帝所說之話的第二本紀錄。根據《摩門經》的記載，上帝說：「你們已有了一本聖經，但你們不必以為其中包含了我所說過的一切；你也不必以為我不曾促成寫下更多的東西。」⑦在《摩門經》中，有著名的山中聖訓記載，其內容與英王詹姆士一世欽定的馬太(馬竇)福音翻譯版幾乎一字不差，對這個明顯的相似點提出的解釋是：一位身穿白袍的超自然人物也直接向美洲居民作同樣的講道。

除了與基督徒的聖經教義類似之外，《摩門經》上還記載許多有關來世的教義。據說人死後，靈魂先與身體分開，然後再與肉體合一復活進入永福或者永死。因此非常強調一點，務必避免罪惡、真心痛悔，還有就是要以耶穌之名受洗，以獲得祂赦赦的恩典。在《摩門經》中，耶穌率直地指出，凡是不相信祂的，凡是未經受洗的，都將遭到天譴。

經書教義預言基督將復臨，而且會出現千年的太平歲月。但

此前是「末世」，其時社會貪腐嚴重，甚至連教會都遭褻瀆。根據《摩門經》的預言，基督復臨那一天的情形如下：

　　　　那一天來臨時到處將傳出火燒的消息，而在異國將出現暴風雨，煙霧彌漫；

　　　　此外還會聽到戰爭與戰爭的謠傳，各地將發生地震。

　　　　是的，那一天到來時地球上將會有大污染。謀殺案、搶劫、撒謊、欺騙、盜娼與各式各樣令人可憎之物將層出不窮。那時許多人會說，做這個，做那個，但這都不重要，因為在末日天主將許可這些事……是的，到那一天會興起許多教會作這樣的宣傳：

　　　　到我這裡來，捐出你的錢，你的罪將得赦免。⑧

　　根據以上啟示，史密斯勸籲人們如今正處於末日，各人應該為自己的靈魂得救作好萬全的準備。有關末世的預言，其實與當前環境頗有關連，教會強調相親相愛的家庭生活，對當代產生莫大的吸引力，史密斯傳達的訊息於是繼續廣泛傳揚。他首創的末世聖徒耶穌基督教會（Church of Jesus Christ of Latter-Day Saints），如今擁有信眾九五〇萬人，大約五萬個熱心的教區在全球各地志願傳教，《摩門經》今譯本已不下八種語文。

千禧年的期望

　　除了深具領袖魅力的創教者，或富有吸引力的啟示提供動力，在動盪不安的時代興起的新興宗教也往往伴隨著重大的變革發生。綜觀宗教史——特別是社會混亂或者出現迫害的時期——

屢次出現充滿對**千禧年**(millennium)的期待。千禧年這個名詞來自基督宗教。它係指期待耶穌再度來臨,帶來千年的平安幸福歲月而言,在聖經啓示錄中對此有詳盡的描述。許久以來基督宗教已出現無數的千禧年運動,包括末世聖徒教會。一般而言,千禧年這個名詞係用來指所有預期黃金年代來臨的宗教運動而言。

這類運動有的強調積極面——期望朝更好的目標前進,這個態度是新時代團體的特徵。這種不規則的精神趨勢在二十世紀最後數十年發展而成,懷有這種精神者是全球各地質疑舊有的體制,而希望引進一個較美好的時代的人們。這個運動——其根源包括西方形上學的傳統與各式各樣的東方宗教——既沒有特別的神學,也沒有創始者,更無制度化的宗教。其強調的重點是直接的神祕經驗、信仰、內在轉變、順服天意、心靈治癒。這些議題往往由自稱的專家透過研討會廣爲傳播。一九九四年,著名的新時代作者瑪莉安·威廉遜(Marianne Williamson)對這項豐富多彩的嶄新運動作了以下的闡釋:

> 我們團體中的成員來自各個不同的背景,但因精神上的契合使我們相聚在一起,我們在這意旨下對世界會產生影響。我們從十足世俗的生活方向迴轉……我們覺得有一股改變的洪流,有一道宇宙的電流穿越我們的血脈。無論我們彼此的個性與興趣多麼不同,我們對非常重要的一點看法是一致的:人類已來到了重要的十字路口,從此只有精神才能帶領我們走上確保人類生存之路……我們希望使這個世界變成一個充滿恩寵與愛的世界……

> 從希臘神普勒阿得斯七姐妹(Pleiades)到基本教義

派基督徒，從諾斯特拉達穆斯基督徒（Nostradamus）的
預言到童貞聖母馬利亞的顯靈，從眾天使對一個身處邊
遠蠻荒的木匠微語，到思想嚴謹的智囊團，都在預測全
球未來所將面臨的改變，或許是大災變……如果我們選
擇在現有的基礎上拓展自己，新的體制結構將會取代前
一個千禧年的分崩離析造成的諸多傷亡，未來二十年將
導引我們進入一個充滿光明的時代，其光輝燦爛無與倫
比……我們就是一場革命。⑨

　　新時代的精神是建基在樂觀的基礎上，雖然目前許多事物並
不夠好，但只要有足夠的人們藉著他們的思想與祈禱，創造一個
積極的靈性氛圍，充滿整個地球，不久情況就會有所改善。然
而，在廿一世紀的黎明曙光乍現之際，對「新時代」的樂觀卻有
逐漸下降的趨勢。其他千禧年運動都強調消極面：預期萬事萬物
將先變壞，然後才會漸入佳境。同時傳達的信念是，邪惡將受到
嚴厲的懲罰，而忠信者將獲救。這些千禧年運動一般而言是試圖
警告人們未來即將面臨一場災難，現世將有被毀滅之虞。根據馬
可（馬爾谷）福音的記載，耶穌說：

　　當你們聽到戰爭和戰爭的風聲時，不要驚慌，因爲
這是必然發生的，這種局面是暫時的。因爲民族要起來
攻擊民族，國家攻擊國家，到處有地震，有饑荒；但這
只是苦痛的開始……
　　在那些日子裡，必有災難，這是從天主創造開始，
直到如今從未有過的──將來也不會再有……⑩

雖然耶穌一再提出警告，指出上帝的王國已經臨近，但是上述的預示尙未在任何時期以任何明顯的形式出現。因此聖經的預言有時被解釋爲隱喻。也就是說，有些人覺得聖經〈啓示錄〉中提到的天使將忠信者聚集在一起，指的是被上帝無上權能提升到聖界的人心的內在經驗，因此跟世俗生活失去了一切聯繫。又有人照字面意思認爲，現在的這個世界將會過去，末日已經臨近了。

　　在按基督曆法計算年代的社會中，廿一世紀到來之際充斥著這些預期心理。公元兩千年普遍被認爲是人類歷史重要的轉捩點。這個世界許多地區發生戰亂，位居要津者貪污腐敗被揭發，墜機屢有所聞，氣候異常，乾旱連連，洪水爲患，地震頻仍，大規模森林大火，在在使得許多人覺得大災難或者大變化即將發生。西元一九九七至九八年發生的有史以來最惡劣的聖嬰現象（El Niño）——太平洋暖洋流與冷洋流型態導致氣候變化造成地球溫室的現象，更增添人們的這種預期心理。

　　然而，千禧年的思想並非在此進入廿一世紀時所獨有。例如，在猶太人遭受羅馬人迫害的第一世紀，又如猶太人在歐洲受到迫害的第十七世紀。一位甚具影響力的比較宗教學者莫席亞·伊利亞德（Mircea Eliade）注意到，本土宗教早已叙說許多有關人類從聖界淪落到「不聖潔」的日常世界的故事。與聖界隔離同時伴隨著對天堂的深切渴望，渴望「生活在有如造物主親手安排的清新、純潔而又強健的世界中。」⑪生活在一個充滿人類錯誤與混亂的世界中，人們自然而然的會寄望於諸多預言所說的景象——那些信實忠良者，不久他們將復享天堂福樂。

　　社會學家對這些觀念的歷久不衰則提出另一種解釋。因爲千禧年留存的系統，與周遭社會系統杆格不入，但信徒的團結心非

常強而有力。即使別人排斥他們的思想，他們也能輕易看出主流社會的不開悟。許多人覺得與群眾文化疏離了；靈修社區的替代對少數人更具吸引力。為了努力勸誡別人即將來臨的啟示，成員們變得更加強化他們信仰與團體的認同。他們或許演繹出一套詳盡的辯論來支持他們的替代觀點，有時還廣泛地引經據典。即使某位成員私下有些許疑慮，也不敢拒斥救贖，免得喪失永遠的生命。

因此有些千禧年運動以其自認為對的世界觀，朝奇特怪誕的極端發展。像是太陽神廟教派（Order of the Solar Temple）的信徒顯然便相信宗教自殺行為能使他們轉靈到另一個星球的新世界去。從一九九五到九七年間，堅信此一信仰的加拿大、瑞士與法國信徒，總共有七十四人自殺身亡，他們相信他們的肉體將被安放在星球或者十字架內。

■特寫　耶和華見證人

新興宗教運動當中勢力最大的一個教派，是以啟示性的預卜末日為教義基礎的「耶和華見證人」（Jehovah's Witnesses）。這個「耶和華見證人」相信我們所處的時期是「收割期」，是現世的末日，因此大家應該洗心革面善度新生。

這個宗教運動的發軔可以追溯到西元一八三○年代，一位浸信會（Baptist）領袖威廉・米勒（William Miller）宣稱聖經充滿神祕的數字線索。根據他對聖經章節的詮釋，他把他的信念寫了下來：基督當於西元一八四三年三月廿一日到一八四四年三月廿一日之間某時復臨地球。據估計當時有十萬人相信他所傳播的信息，並組成了一個非正式的聯絡網，期待基督的第二次降臨，這些人往往就此離開了他們的主流基督教會。當西元一八四四年三月廿一日這一天到來，卻沒有大事發生，米勒便寄望耶穌會在同

年的十月廿二日出現。然而這個預測也告落空，隨之掀起了混亂。此時出現了兩大新興運動：基督復臨安息日會（Seventh-Day Adventists）以及耶和華見證人教會。這兩個教派繼續預告末日來臨，耶和華見證人教會更一再指明基督復臨的確切日期。

查爾斯・塔日・羅素（Charles Taze Russell）是「耶和華見證人」教會的創立者，他原是個商人，由於對其所屬的主流長老教會（Presbyterian Protestant Christian Church）感到幻滅，正好接觸到米勒的想法，於是他確信全球所有的人當在西元一八七三年或者一八七四年被焚毀，僅餘基督復臨安息日會的教徒。當這一天到來卻安然無事，羅素便斷言基督已來到人間，只不過他是無形的臨在。只有虔信者——後來名之為耶和華見證人——才認得出祂的臨在。因此他主張信徒們應該為當在西元一八七八年發生的世界毀滅這一天作好準備，因為到時候信徒們將被舉揚到天空去迎接基督。羅素開始在一份名為《基督臨在的瞭望塔和前鋒》（*The Watchtower and Herald of Christ's Presence*）的刊物上公佈他的觀點。他工作勤奮，並以其領袖魅力吸引了三百多萬信徒，於是他在紐約布魯克林設立該教會的總部。西元一八七八年預告的日子過去了，一切平安無事，羅素便更改「收割期」的最後限期到西元一八八一年，後來三度更改，分別為西元一九一四年、一九二五年、以及一九七五年。每一次信眾都懷著期待主來臨的心過日子，直到預卜的收割行動落空為止。西元一九七五年的預卜再度落空後，大約有近百萬名失望的耶和華見證人教會信友離開了教會。雖然如此，這個教派依然勢力龐大。

何以有許多人對一再失靈的預卜之言懷有信心呢？社會學家觀察指出，人們在發現這個世界並未如預期的毀滅終結之後，起先信徒們會感到失望，接著產生混淆。其後，部分由於他們渴望

獲得救贖，他們會設法將暫時的預卜失靈做合理化的解釋，再回復等候預言或許不久即將實現的心態。在此廿一世紀的來臨之際，耶和華見證人教會再一次的預告了末日災變的來臨。

面對當代社會的複雜性，他們提出了堅定的教義。耶和華見證人教會有一套廣泛的教條，其中有些顯然與主流基督教派迥異。他們堅持上主所揀選的正直公義人士終將永遠居住在這個地球，在這個地上的樂園，人與動物和平相處，肉體永遠不死。另外十四萬四千名信徒將生活於天堂裡，與上帝及耶穌一起統治地球。瞭望塔學會的成員只是獲得救贖的途徑；其他所有人都將在末日耶穌率領上帝的軍隊與撒旦魔鬼作戰時被殲滅。人們只應加入耶和華見證人的教會，因為其他教會都是撒旦的代理人。人們也應該盡可能的與俗世保持距離，因為最後的大災難即將來到。例如，人們應該不涉入政治、兵役，不展現愛國主義、不使用或者製造武器、也不投入體育競賽、民間組織與色情活動等，相信

紐約布魯克林的信徒正接受耶和華見證人教派舉行集體受浸洗禮。這一派的信徒覺得，接受宗教洗禮能使他們準備好在即將來臨的世界末日中獲得拯救。

演化論，而不信從神創造天地之說，此外也不舉行聖誕節或復活節慶祝活動（因為聖經上並沒有這樣的記載）。這個教會不鼓勵追求高深的學問，因為高等教育加強世俗價值觀。相反的，這個教會鼓勵家庭研讀聖經以及《瞭望塔》雜誌，如此他們當能嚴守道德律，成為為信仰作見證，令人可信服的使徒。由於他們的成員包括強烈父權制的家庭，全心奉獻參與教會工作的信徒，且人人堅信他們的教派是在末日唯一能獲得救贖的教派，耶和華見證人至今仍是全球擁有最廣大信徒的新興宗教。他們積極地挨家挨戶去傳教，在與人交談時不忘提及這個世界的邪惡敗壞，暢談即將來臨的千禧年，以及他們將獲得救贖的願景。《瞭望塔》以一一〇種語文出版，行銷全世界，每一種語文銷售份數高達一千五百萬份。

宗教融合

有些新興宗教運動經過長期演化，既沒有特定創教教主，也沒有新的神示，或者對千禧年的期盼，只是將從前的宗教加以融合而形成新貌，這種融不同宗教於一的合併現象稱之為**宗教融合**（syncretism）。這種情形通常在宗教運動擴散的時候出現。當佛教在十八世紀傳入西藏後，便與當地原住民信仰與神祇混合，使得人們易於接納，同時保留了早先信仰的力量。宗教融合現象也揭露了不同信仰根本可以結合的特點。例如，十位錫克教的上師既宣講印度教，也宣揚伊斯蘭教，而這兩種宗教在外表看來是截然不同的。他們的聖經包括了錫克教上師受到啟示的著作，也收納了印度教聖人，還羅列了伊斯蘭教的聖徒事蹟，從彼此的共同點出發，對無形無像的真神作玄奧神祕的敬禮。

■特寫　桑泰里阿教

　　有時候宗教並列與混合的現象會造成令人驚奇的宗教外貌混合結果。這正是源自古巴的桑泰里阿教（Santeria）的情況。在包括美國的美洲地區，凡是有廣大的拉丁美洲裔人士居住的城市，桑泰里阿教都非常盛行。它混合了來自奈及利亞的約魯巴（Yoruba）——奴隸信奉的原住民宗教傳統，以及在十六世紀西班牙征服者最早在古巴引進的羅馬天主教信仰傳統。被帶到中南美洲來的奴隸，有些是在異族與非洲殖民者入侵落難逃亡時被逮的。這些非洲奴隸不忘其文化，其中包括文化先進的貝寧（Benin）王國的文化傳統。抵達新世界之後的非洲奴隸們，避開外界的眼光隱匿他們的神聖傳統，接納天主教會的聖徒（西班牙文 santos），但是骨子裡他們卻將每一位聖人當作是他們自己強有力的神祇歐里夏（orisha）的替身。

　　廣為人知的天主教聖徒故事使得這種雙重的敬拜方式得以延續。例如有一位傳奇聖女芭芭拉（Barbara），她是第四世紀一位野蠻族國王的女兒。貞潔的她私下將自己的生命奉獻給基督。她不肯放棄基督宗教信仰，也不聽她父親的命令下嫁，她的父親震怒之餘，把她囚禁在地牢裡。據說，在一個暴風雨夜，這位國王怒拔長劍砍下了女兒的頭，正好當時一道閃電擊中了他，天打雷霹得了報應。非洲裔祭司（santeros）馬上看出這位聖女與非洲傳說中掌管雷電與火的神祇「昌戈」（Chango）之間的相似處，非洲人畏於昌戈神的威力與對敵人的制服力而敬拜祂。而天主教的聖女芭芭拉圖像，顯示她一手執劍、另一手捧著地球，非洲裔祭司將此與昌戈神捧著臼準備施展其神奇魔力揉合為一。對童貞聖母馬利亞的崇拜同樣混合了對歐璇（Oshun）神祇的崇敬。歐璇是掌管愛情、婚姻與生兒育女的女神，而且跟河水有關。當紐約宏

偉的聖派屈克（St.Patrick）主教座堂舉行仁慈聖母（Our Lady of Charity，由於童貞聖母馬利亞曾在海上向三名遭船難的海員，古巴人便奉她為庇佑主保來紀念她）的彌撒祭典時，古巴籍的神父會在彌撒中公開尊稱聖母為「卡契塔」（Cachita），那正是古巴人對摯愛的歐璇女神的暱稱。

　　到底桑泰里阿教與羅馬天主教兩者間有何異同呢？約魯巴人有豐富的文化傳承及堅定的倫理。他們崇拜唯一的天神，名叫歐洛都馬瑞（Olodumare），祂是整個宇宙神靈能力的來源。古巴人所拜的神祇歐里夏，都是歐洛都馬瑞的代理者。他們掌管大自然與人類生活的各個層面。如果敬禮得宜，這些神祇會前來幫助他們的信徒。特別受到傳授的教士與女祭司們，則利用祈禱、禮儀、獻祭與占卜來與歐里夏溝通。同樣的，羅馬天主教也敬拜唯

古巴人信奉的桑泰里阿教，融合了奈及利亞的約魯巴族奴隸原土著傳統，與征服拉丁美洲的西班牙殖民者帶來的羅馬天主教信仰。

一的天主，耶穌基督，聖神，天主的大能充滿宇宙間，所有的聖徒善度今生成聖以後，在天上能夠幫助在地球上向他們求助的人們轉求天主。天主教的神父是介乎人與神之間的代禱者。

這兩大傳統最大的不同在於外在的敬拜方式。桑泰里阿教的崇拜顯然是具有魔力的。大自然的東西舉凡草藥、石頭與瑪瑙貝（譯註：一種腹足動物，貝殼光滑明亮），都可以用來與歐里夏溝通，這些東西要恭敬的放在蓋碗中隱藏。男女祭司以舞蹈與出神等夏曼教巫醫儀式爲人治病等。基督教的文化對祭司儀式的批評，在於該教儀式依賴牲祭解決特別困難的問題。古代猶太教也採用牲祭，但今天猶太—基督教的傳統已經擯棄這項儀式。然而在聖體聖事中，基督教儀式讓信徒所飲的葡萄酒與吃麵餅，不正是象徵耶穌的血與身體嗎，何況基督徒其實並不反對屠宰動物並食用動物的肉。

不論這些傳統的異同，它們在桑泰里阿教緊密的混合著，這種以約魯巴與天主教傳統宗教融合的現象現已十分普及，在拉丁美洲與美國約有一億人信奉桑泰里阿教，有些人已展開赴奈及利亞的心靈朝聖之旅，尋求他們宗教的根源。在網際網路上也能找到桑泰里阿教的資料，其網址對該教的主要教義有所說明。

組織化的運動

宗教運動興起的原因不外乎上面討論到的種種因素——創始者本人富有非凡的領袖魅力、獲得神示、人們對千禧年的期待心理，或者宗教融合。一旦確立制度，各宗教運動便經由不同的途徑廣傳。例如在耶穌生前，他並未爲了組織正式的運動做多少事情，耶穌並未建立教會結構，也沒有建立禮拜儀式，更沒有推出募款計畫或者建造教堂等。他的精神感召是直接的；他沒有靠任

何組織卻治癒了許多人，感化許多人信從。到他的門徒才開始發展組織，訂定教義，而被統稱為「基督宗教」。如果沒有這些門徒的努力，耶穌的事功與教誨可能隨年代久遠而不復尋。然而在啓發精神及制度化的過程中，總難免造成原有特質受到影響的情況。

在我們這個時代，有些新興宗教的管理像是多國經營的企業，經管龐大的資金，並以最新通訊科技方式與全球各地的信徒保持聯絡。在短短時間內發展為全球性的宗教，的確要講究相當的管理技巧。

■特寫　悉陀瑜珈

當代宗教運動謹慎發展的一個實例是悉陀瑜珈（Siddha Yogo，有一譯法為悉陀喻藝，意即成就瑜珈自在者）。以上古印度教義為基礎而在二十世紀中葉才形成發展趨勢的這個宗教運動，其中心人物是一位棄絕世俗的僧侶，名叫尼特亞南達（Nityananda）。此人不多言語，生活非常簡樸，到處流浪，身上只纏一條腰布，他不理會社會慰藉，也不顧社會習俗。最後他行腳到了孟買附近安頓下來，由於他的非凡精神力量，他的名聲開始遠播。到了一九六一年他去世時，以他為中心的一個非正式組織出現，原來人們希望從他那兒得福（darshan，來自神臨在時的一種恩典的轉化）。前來瞻仰尼特亞南達的人們慨然樂捐，這些錢被用來建造一座靈修中心，修葺當地寺廟，整修當地溫泉，並且興建了一所學校與醫院。

當尼特亞南達去逝時，許多仰慕者認為他是無可替代的。他們讓他的屍身坐直，狀似冥想，然後在它四周蓋廟供奉。人們相信此後他的神力仍會源源不絕地散發，這個寺廟成了朝聖地。然而，尼特亞南達的大弟子之一史瓦米·穆克坦南達（Swami Muktananda）聲稱，可敬的尼特亞南達上師在死前已祕密指定他爲其傳人。穆克坦南達不同於他的恩師，他自己是受過正統哲學訓練的，經常被請去詮釋他導師的簡短溝通訊息。而且他也不像他的導師過著簡樸的生活，反而以王者之尊的方式就上師席。由於一般也認爲他擁有相當的精神力量，他的信衆有增無減，因此他擴建了精舍（即供奉一位上師的信仰團體），並爲外國信衆安排住處。西元一九七〇年，他展開全球旅行。一九七四年，他正式在美國建立一個合法的研究機構，名爲美國悉陀瑜珈基金會（Sid-dha Yoga Dham of America Foundation）。到了西元一九八〇年，蓬勃發展的該基金會，在紐約南佛斯堡（South Fallsburg）設立了總部與靜修中心。這是一個合法的機構，其業務包括購買房地產，維持一批工作人員，支應旅行費、宣傳、活動計畫、出版書籍等相關費用，並將導師的公開談話彙集建立檔案。

　　同時，穆克坦南達將他前任上師的極少數金言轉化爲精神制度，其神學基礎取自對濕婆神的崇拜，並以門徒對上師的關係爲其重心。在他稱爲悉陀瑜珈的這個制度中，上師施恩能使信衆睏睡的生命力量（kundalini）甦醒。此後，信徒將可進修到完全的自我完成，所謂的大我就是充斥整個宇宙、創生、維繫、裂解萬事萬物的實存體、意識、絕對福樂。穆克坦南達覺得尼特亞南達已將此經驗通傳給他了，上師的力量正在他內運作。因此他能夠透過強有力的灌頂（shaktipat，爲加持之意）經驗，向直接成神者請教人們的靈修有進展與否。而這只需接觸某人前額的「第三眼」即可知道結果。過去，這種入會儀式向來只對少數經審愼訓練的入門弟子行使，但穆克坦南達卻讓大衆普遍接觸到這個儀式。克莉絲汀娜·葛羅夫（Christina Grof）在領受了穆克坦南達的灌頂後，發覺自己的情感世界被粉碎到無法控制的地步；她回述

道：

　　突然間我覺得自己彷彿像插頭插入一個高壓電的插
座似的，開始不由自主的震動。我的呼吸出現自動、快
速的節奏，由不得我控制，無數的視像在我的意識湧
現。我覺得好像剛剛出生，於是我哭了起來；我經歷了
死亡；我掉入了痛苦與狂喜兼具的情緒中，雖然強烈卻
又溫和，愛中有懼，既深且高。我的心靈經驗像是坐雲
霄飛車，我知道我再也擋不住它了。⑫

　　由於這種經驗的強烈程度，穆克坦南達發展出一套週末靈修
先修班計畫，開班講道，誦念印度教經文，作冥想，然後才為人
灌頂。過去必須經歷數十年深厚的神修訓練才能得到的心靈祕
傳，如今僅以一次「密集」的週末靈修班便完成了，這正是許多
自古相傳的神修在西方世界證道的典型方式。

　　許多人對穆克坦南達提供的快捷開悟方式感到興趣，於是該
教派的信徒廣增，蓬勃發展。其禮儀也增加了，因為穆克塔南達
建立平日需神練瑜珈氣功（hatha yoga，意即瑜珈練身有益健康
且能增進靈悟），也吟誦古老印度梵語，最重要的虔敬儀式則是
默誦傳統的印度經文，鼓勵尊崇個人的上師。

　　雖然穆克塔南達堅定鼓勵信眾禮敬他的上師尼特亞南達，但
這些措施沒有一樣是他上師非正式的精神感召的一部分。所有的
措施都是穆克塔南達推廣的悉陀瑜珈制度化的一部分。他又再訓
練、吸收了大約七十名僧侶與女尼棄俗修道，負責推動教務，他
在美國設立了二百個中心，定期舉行集會，向人們介紹冥想及悉
陀瑜珈計畫。穆克塔南達於西元一九八二年去世之後，他的繼承

人史瓦米・契維拉莎南達（Swami Chidvilasananda）發揮組織長才，使教務更形鞏固。她風塵僕僕地到處旅行，善用一切現代溝通媒介傳揚悉陀瑜珈。她跟穆克塔南達同樣有神力爲人灌頂，而且還是個行政管理能手。具有組織長才與公認的靈修深度似乎是許多新興宗教運動成功的要素。

迫害與選擇自由

　　向來先知都不受當道的宗教權威當局所歡迎。既有的宗教組織安於自身的權力結構，對任何改革者或提倡新運動者可能抱持懷疑或者敵對的態度，因此新宗教運動的創始者總是會遭到迫害。耶穌被猶太當局當作是瀆聖者而被羅馬官員釘死在十字架上。耶穌的信徒數百年來殉道犧牲的不知凡幾。先知穆罕默德被當時靠朝聖者到「天房」（Ka'ba）朝聖維生的當權者迫害。十九世紀主張世界大同的巴哈伊教（Baha'i）（參閱第四章）先知巴哈烏拉（Baha'u'llah）因自稱是天主的新使者，更遭到伊斯蘭教當局施以酷刑，被放逐，最後打入地牢，因爲伊斯蘭教當局認爲穆罕默德是最後一位先知。儘管受到嚴峻的迫害，基督宗教、伊斯蘭教、巴哈伊教的勢力都繼續茁壯昌盛以至於今。今天有些既有宗教仍繼續在攻擊新興宗教運動，重演它們過去遭到的迫害。

　　當代對新興宗教運動的迫害有多種型式。俄羅斯在西元一九九〇年初前蘇聯解體後短暫的宗教自由期間，無數傳教士川流不息地進入俄國，對俄國人民提供精神幫助。外來的新興宗教運動迅速擴展——其中有些走極端，有些涉及騙財——使得向來在蘇聯統治下享有一定權力基礎的俄國東正教會感到不安。有些教會人士對外國資助的傳教組織擁有不公平的經濟優勢感到驚愕。西元一九九七年，俄國通過一條法令，確認「東正教會在俄國歷史

中所扮演的特殊角色」，明定東正教會保有的特權。過去在俄羅斯傳教至少有十五年歷史以上的猶太教、伊斯蘭教、佛教以及各派基督宗教，也都得到保障。至於其他所有宗教團體則受到嚴格的限制，許多宗教團體被趕出他們的崇拜場所，被禁止舉行宗教儀式，也不准出版宗教刊物。

在美國，根據憲法第一修正案，美國公民享有宗教選擇自由，因為許多開國元勳就是為了逃避歐洲的宗教迫害，尋求宗教自由，才遠渡重洋來到新大陸的新教徒。雖然如此，有些美國人士主張社會應該保護人民免受「假先知」愚弄，陷信眾們於危險境地，或假藉宗教名義斂財、騙色，甚至對整個人口構成危險。日本奧姆真理教（Aum Supreme Truth）在東京地鐵內數度攻擊老百姓事件，以及太陽神廟教派的集體自殺事件，都是當代新興宗教運動對教內外人士構成危險的極端實例。

許多人抗議有些新興極端主義宗教運動對信徒們「洗腦」使他們屈服就範。最先提到的是，既有的宗教藉發出地獄之火的威脅來恫嚇人們，並以保證得到救贖引誘人們皈依信從。在二十世紀，許多人認為有些新興宗教運動對他們的望教友蓄意進行洗腦的工作。據說其方法是陰險狡詐的：在欺騙吸引新的信徒之後，他們便以愛包圍他們，藉此摧毀這些潛在信徒的身分認同意識與獨立選擇能力，切斷他們與組織以外的人接觸，剝奪他們睡眠與食品，使他們勤奮工作，並以誦經來麻痺他們的心靈。據說至此信徒的心靈「會像程式設計般」地放棄自我，盲目信從。這些皈依者的子女同樣也生活在與社會隔絕的孤立環境，只在組織內上學，有時還拒絕接受外來的醫療。

首先發難指責這種現象的是**反崇拜網**（anti-cult network），其成員組織包括崇拜覺悟網（Cult Auareeness Network），以及

美國家庭基金會（American Family Foundation）。**崇拜**（cult）
這個字是中性不帶色彩的，意思是某宗教運動以某一特定的人或
者神祇為崇拜的對象。批評者經常以此泛指所有新興宗教運動，
以負面的涵義暗示他們是一群被一位具有領袖魅力者所吸引的臨
時信眾團體，他們的領袖不惜為了金錢或者權力而利用他們。為
支持這項說法，他們訪查了一些已經脫離新興宗教運動，以此典
型批判這些宗教運動的人。例如美國家庭基金會便曾調查三〇八
位曾參加過新興宗教運動的成員，結果發現八八％的人覺得過去
他們所屬的團體對他們的成員有害處：其中七二％的人說，團體
壓力使人很難離開這個宗教運動。

　　心理衛生專家同樣發出有關新興宗教運動造成心理傷害的警
告。例如，紐約大學醫學院的馬克·嘉蘭特博士（Dr. Marc
Galanter）調查了數千名以具有非凡魅力的領袖為主的新興宗教
運動信徒，結論是最可能皈依者都是些感覺孤單寂寞，與群眾文
化隔離的人們。加入這些新興運動，使他們得到歸屬感。在得到
啟示的團體中，他們得到鼓勵覺得「與有榮焉」，因此對團體的
向心力之強甚至到了願意「一起死也不願受到外界邪惡力量宰制
的地步。」⑬

　　西元一九七〇年代，美國對新興宗教運動的關切益增，引起
爭議的**消除毒化思想**（deprogramming）技巧發展出來，希望幫助
信教者免於受他們加入的宗教團體的影響。此一論點認為，改信
這些新興宗教者已經被洗腦了，他們根本已失去思想自由，所以
無法以理性選擇加入這些新興宗教運動。被焦慮的家庭雇用去執
行消除毒化思想者，便利用綁架把加入這些新宗教的年輕人給帶
走。然後對他們施以震撼療法，運用各種方法像是當著他們的面
摧毀新興宗教創教者的照片，質問他們一大堆問題，引導他們去

懷疑這些宗教運動的可靠性。這種強力的戰術本身是非法的行為，因此被美國全國教會理事會所駁斥。

　　支持自由抉擇新興宗教運動的論點紛紛提出，只要它們不是非法的宗教組織。有些新興宗教運動可能對他們的信徒構成危險或行剝削之實，但歷時已久的既有宗教也可能如此。新興宗教運動跟舊有的宗教一樣繁多，他們抗議被籠統劃歸為「崇拜時尚」。在美國，公民自由聯盟主張憲法第一修正案必須保障所有宗教，並且一視同仁。國家教會理事會支持宗教選擇自由，同時指出今天的各大宗教起先也一如新興宗教運動面臨同樣的問題。該理事會主管宗教自由的顧問狄恩·凱利（Dean Kelley）說：

　　　人們應享有信奉宗教的自由，不得被迫接受救贖。反崇拜的時尚顯示，新興宗教運動是不自然的，但諷刺的是，隨著新宗教的進展，它們的勢力益形茁壯，信眾日增，反而成了社區的支柱，例如摩門教就是一個實例。⑭

■特寫　統一教

　　有關新興宗教運動對迫害的反應，一個引人注意的例子是，南韓文鮮明（Sun Myung Moon）牧師成立的統一教（Unification Church）。文鮮明是一位備受爭議的人物，他過去是基督徒主日學的老師，自稱在神視中見到耶穌向他走來，告訴他被釘死在十字架上是一項錯誤，因為他的使命尚未完成，將由文鮮明牧師挑起這個任務，在世上建立上帝的王國。文鮮明牧師以自己對聖經有關亞當與夏娃故事的詮釋為基礎，把這個思想盡量發揮推出一套獨一無二的神學。他推論道，亞當與夏娃的「錯誤愛情」在人

間代代相傳。他以新的彌賽亞身分來「灌輸」信徒遵循一種自我犧牲的愛情。根據文鮮明牧師的說法，耶穌應該以身作則的，但是他從未結婚。

　　文鮮明宣傳他這一套理論自始便困難重重。在第二次世界大戰以前，連主流基督教會在韓國都不能公開舉行宗教活動，因為當時韓國人生活於日本帝國的殖民統治下。日本人將文鮮明拘捕入獄，視之為一民族主義者。戰後，他設法吸引基督教會當局採納他的神學，以便協助各基督教派合一。但是各派基督教都與他劃清界線。此後他自稱受命於上主，前往共黨北韓傳教，但北韓是一個迫害宗教的地方，他因此再度被捕入獄，遭到嚴厲的折磨，他像是死了般的身體就這樣被拋到外面的雪堆。有些信眾發現了他，善加照顧使他恢復了健康。後來他再度公開傳教，也再次被捕，並被送到滅絕集中營，在這裡大多數犯人不久便因不堪過勞或遭處決而命喪於此。然而就在他將被處決的前一晚，聯合國盟軍解救了這個監獄。他帶著少數幾位信徒，跋涉到南韓，以軍方的配給盒建立了第一個統一教。

　　當南韓某一基督教女子大學的多位教授與學生都來聽他講課時，該大學校長即下令師生們離開這個引起爭議的宗教組織，否則大學將容不下他們。同時，媒體開始散佈謠言，說是跟文鮮明牧師澈夜在一起的人，實際上是犯邪淫，而且文鮮明本人其實是個北韓間諜。他再度兩次入獄，但罪名都微不足道。

　　西元一九七〇年代，文鮮明向不滿美國過度物質主義文化，正尋求另一種利他式生活方式的年輕人招手。他告訴年輕人，他來是要復興基督教的理想，因為「除非我們在這個國家點燃了精神復興運動，否則這個世界的未來將十分黯淡。」⑮統一教發起廣大的群眾大會，強調道德重整，信從他的人數迅速增加。出身

中產階級的年輕人紛紛放棄個人生涯規劃，盡捐世俗財物，離開男女朋友，捨棄主流文化的物質主義與享樂主義，追隨文鮮明牧師所主張的禁慾、自我犧牲信仰道路。他們被教導日出即起，用來祈禱、冥想，經常齋戒，避免婚外性關係，對所有不同宗教背景的人都實行愛德。最具奉獻精神者被送去國外當傳教員，吸收新的成員。這些年輕人的雙親不安之餘指控統一教對他們的子女洗腦。有些人對統一教十分入迷，所有媒體都對這個宗教運動作極為負面的報導。開明派人士懷疑文鮮明牧師的反共活動與跟資本主義者的關連；保守派基督教無法容忍他的神學，尤其說耶穌是錯誤的這一點，簡直瀆聖。由於美國秉持宗教自由原則，由此文鮮明並未被批判為褻瀆。但他最後依然受到了迫害，且因逃漏稅的民事案被捕入獄。其實逃漏稅額並不大，有些主流派基督教會覺得應支持他上訴。他們顯然認清了控告他運用以非營利組織名義募得的款項這個罪名，也有可能適用於他們頭上，因此辯稱文鮮明的民事案使宗教自由權利受到了摧殘。

　　文鮮明牧師堅毅不拔的努力與其強調家庭的價值觀，使他倡導的宗教運動成為一個國際性的宗教運動，最明顯的例證是一次數十萬人——甚或數百萬——的教徒同時舉行盛大的婚禮，而這些新人或再婚者都是在文鮮明牧師與牧師娘的「祝福」下締結連理的。西元一九九七年舉行「祝福儀式」時，連華府都正式表示歡迎，當時有二萬八千對夫婦代表一八五個國家的四千萬對夫婦，在 RFK 體育場接受「祝福」，盛會並以衛星與視訊同步傳播祝福典禮。

　　統一教的成員靠挨家挨戶的推銷與大規模企業行銷籌募資金，並且出錢贊助所費不貲的會議。這些會議多半邀集學者、科學家、前政府首長及媒體專家共同討論，這一切的目的是為了將

精神價值帶入社會中，並且也為光榮文鮮明牧師與牧師娘，賦予他們自稱為人類「真正父母」的合法地位。教會本身規模十分小，或許只擁有十萬名積極的信徒，然而它廣傳的計畫打動許多不認同文鮮明神學，或視他為救世主的人的心。

文鮮明牧師歷經嚴峻迫害不改初衷而終能崛起，乃至在其有生之年受到大眾某一程度的接納歡迎，提供了一個難得的機會，讓人們去研究某些新興宗教運動雖然遭受迫害卻依然發展至今，甚至加入主流的過程。宗教社會學家察覺到，初期宗教運動其實可能利用來爭取同情的宗教迫害可分為三個階段。第一個階段是**自我受辱**（self-stigmatization），意即被標榜為消極或離經叛道的宗教組織，接納此一身份認同，以此界定他們志在拯救社會的使命。第二階段是**戲劇化**（dramalization），此時不被認同的宗教運動非但不隱退，反而公開致力於履踐它們聲稱合法與特別目的的主張。第三個階段是被宣告為**犯罪期**（criminalization），此時社會積極地採取懲罰、合理化的打擊，宣稱其宗教運動非但不正常而且不合法。⑯從文鮮明牧師自己的談話，不難發現自我受辱與戲劇化這兩個階段的跡象。在西元一九九六年的一次演講中他是這麼說的：

你必須了解文鮮明是克服了數百次的死亡才找到這條路的。文鮮明是個會令神落淚數百次的人。歷史上沒有人比文鮮明更敬愛上主的。此所以即使這個世界千方百計想要摧毀我，文鮮明卻永不會倒下的原因……如果你踏進了文鮮明教導的真理領域，你也一定會得到上主的保護。⑰

因此統一教至今依然茁壯，只不過現在改了名字——促進世界和平家庭聯合會（The Family Federation for World Peace）——擺脫了從前那個受盡屈辱的過去。

創教始祖去世之後

即使經歷迫害後依然續存，新興宗教運動也仍面對另一個危機，那就是他們的教祖去世所衍生的問題。如果中心人物一直是該宗教的魅力焦點所在，不難想像該宗教運動在教祖去世之後便趨式微的情形。許多時候情況正是如此。然而卻也有許多宗教運動度過了宗教領導危機，在教祖去世之後，該教勢力不衰反增。如果繼承的領導者有足夠的決心執行前人的事工，或者光榮創教者的名，這種情況是可能的。然而接班人是主要的絆腳石，尤其是教祖死前未明確指定他屬意的繼承人的話。如果追隨者不接受新的領導，則該宗教運動很可能分裂成好幾個對立的團體，或者乾脆解散。在末日聖徒教派的創教者史密斯在世期間，該教派便分裂成十個派系，向他的領導權發出挑戰，且自成一派。他在不同的時候任命了七個人當他的繼承者，導致他在西元一八四四年猝死後，由於並未留下明確的繼承人指示，而造成教會進一步的分裂。到進入廿一世紀時，據估計約有二百個教派上溯其根源都與史密斯有關，其中以擁有九五〇萬教徒的末日聖徒耶穌基督教會勢力最大。

社會學家韋伯認為，新興宗教運動在其具領袖魅力的領導人去世之後能否繼續興盛，必要的條件一個是繼承人廣被接受，另一個是非凡**領袖魅力的常規化**（routinization of charisma）。換句話說，既有的神學與管理組織取代了創教者原始的精神感召力。具有這些條件的新興宗教運動會開始變得愈來愈像過去他們所批

評挑剔的主流宗教一樣。然而，並非所有新興宗教運動都出自有領袖魅力的創始人，像桑泰里阿教等根本沒有特定的創教者。又如聖靈降臨教派等，長期以來一直維持活力充沛的特質。

■特寫　基督天國教會

　　西元一九八五年在西非興起的基督天國教會（The Celestial Church of Christ）創教者撒慕爾・歐秀法（Samuel Oschoffa）突然去世。但是他的教會卻依然蓬勃發展，成了西非最大的教會，此外該教會在全球的分佈亦甚廣，單單在華府已建立了八所教會。雅各伯・歐魯蓬納（Jacob Olupona）教授認為，這是因為該教會內早已建立了具有領袖魅力的領導階層及制度。⑱

　　創教者的神祕經驗與深具領袖魅力等特點是新興宗教運動吸引人的主要原因。例如，歐秀法（Oschoffa）本身是個木匠，卻在一次乘獨木舟到某個村子去買厚木板途中，接受到屬靈的召喚。那一次正逢日蝕，同時出現了一隻孔雀、一隻鳥、與一條蛇。獨木舟的主人由於害怕逃離開了，留下歐秀法一人在不辨方向的荒野中，四周只見蛇群、鱷魚群、鳥群出沒。三個月之久他沒有遇到人類，但耳邊卻不斷聽到一個聲音說：「願恩寵歸於上主」。當他最後終於來到一個村子時，他展現出只用手接觸到死去的孩子，便使死者復生的能力。後來據他說：

　　　　當我在家祈禱時，我看到一道非常明亮的光猶如一輛汽車車頭燈射過來，我在那光亮中看到了一位有著晶亮雙眼的天使。那天使叫我，並且說道：「人子，我們要派你到全球，因為許多信徒崇拜眾神與物質財富，因此，我們要派遣你到世界各地，去勸誡人們只應崇拜基督。我這就給你因上主的名喚醒死者，以及行各種奇蹟

的能力。」⑲

　　由於歐秀法與他的部分信徒提供這個，以及其他的神視經驗與治癒奇蹟，他們形成了新教會的核心分子。大多數皈依者為天主教徒。起初大多數信徒是貧困的農村農夫、漁民、商人；後來這個宗教運動在都市地區非常迅速地發展，許多支持者來自中產階級。起先該宗教運動大多只展現領袖魅力，並沒有任何特定的組織或者神職人員，大家只是受到歐秀法個人的領袖魅力所吸引。但為了這個宗教運動的永續經營，歐秀法建立了總共十三階層的聖秩，他本人以教長自居。雖然鼓勵信徒們循階晉級，在崇拜儀式中卻認為所有信徒都有能力接受啟示，他們的神視內容都被紀錄下來，由教會的領導予以詮釋，並付諸實踐。通常上天特別賜予老婦人預言的能力。

　　每一個教會都由三十人組成的理事會管理，理事們則由教長任命。在理事之上設委員會，信託理事會負責處理資產事務，並設一決策小組，而教長則居所有這些團體之上，行使最後的權力。歐秀法因此維持了最高的管理地位，兼以先知身分維持了最高的精神領導地位。然而，為了井然有序的繼承，他訂定了一個章法，規定在他死後，他所指定的後繼人選將須擁有領袖魅力的權威。因此當他在一九八五年突然去世時，大會早已發展出神視的活力，早已有所準備接受新的牧靈者，也就是歐秀法的二號總管巴達（A. A. Bada）的精神權威。在巴達牧師的領導下，這個教會繼續蓬勃發展，既沒有發生重大分裂，也沒有重大的改變，至今其教區幾乎已遍設各洲，連在俄羅斯也有一個教區。

結　論

　　在進入廿一世紀時，新、舊宗教都展現了相當的活力。在本章中，我們探討了新興宗教運動的起源、發展、建立制度化的過程。有些宗教係以深具領袖魅力者為其信仰中心，例如國際克里希納意識學會的創教者普拉胡帕達；有的是建立於新的啟示，如建立末世聖徒教會的史密斯，聲稱找到了金板。還有些新興宗教運動乃因吾人對世界末日的預期心理而發展起來，我們的時代常聽到的這些想法，既有樂觀論，也有悲觀論。包括耶和華見證人在內的這些宗教運動，則源自基督徒的千禧年信仰。此外，還有透過與昔日宗教融合而以新貌崛起的新興宗教運動，例如桑泰里阿教。

　　以上這些因素並不足以保證某一宗教運動能夠源遠流長，特別是當創教者突然去世卻未事先指定繼承者時，更是如此。發展組織化的結構，猶如建立企業一般，攸關宗教的茁壯，像悉陀瑜珈的情況，其發展發展可能根本改變原來的特質。

　　與新興宗教運動的拓展有關的一個重要問題是，包括既有宗教在內的社會有時不予接納，有時更會加以迫害。在二十世紀，新興宗教運動多次被視為有害於教徒或者社會，而予以合理化的鎮壓。反對這種作法的人支持個人有選擇宗教的自由。最後有待辯論的是，行使自由選擇權的信徒們，是否能夠獲得充分的資訊，並在不受逼迫之下行使他們的選擇宗教信仰權利。

　　一旦創教者去世，就須找到有效的方法來延續新宗教運動的初期活力，並確保其未來永續發展。這兩者事實上不可能並立，這種過程被稱為「領袖魅力的常規化」。度過創教者去世的危機，繼續發展茁壯的新興宗教運動，或許終將像既有宗教一樣贏

得某些社會合法地位。我們可以預期這些過程將繼續推進直到進入廿一世紀,事實上,許多新興運動已被編入全球豐富多彩的精神脈絡中了。

註　釋：

①出自提摩太・米勒(Timothy Miller)，〈人際溝通〉，5月9日，1998。

②馬克斯・韋伯(Max Weber)所著《社會與經濟組織理論》(*The Theory of Social and Economic Organization*)，由韓德森(A.M.Henderson)與帕森斯(T. Parsons)合譯(紐約：自由出版社，1947)，p.358。

③塔瑪爾・克里希納・戈斯瓦米(Tamal Krishna Goswami)所著《僕人的僕人：史瓦米・普拉胡帕達，克里希納意識國際學會創始人》(*Servant of the Servant：A.C. Bhaktivedanta Swami Prabhupada, Founder-acharya of the International Society forKrishna Consciousness*)，在促進世界和平宗教聯合會議中論「世界宗教創始人與塑造者」(The Founders and Shapers of the World′s Religions)時提出的報告。11月25-29日，1997，華盛頓特區，p.5。

④凱斯・華德(Keith Ward)所著《宗教與啓示》(*Religion and Revelation*)(牛津：牛津大學出版社，1994)，p.89。

⑤「先知約瑟夫・史密斯的見證」出自《摩門經書：耶穌基督的另一遺訓》(*The Book of Mormon：Another Testament of Jesus Christ*)(猶他州鹽湖城：末日聖徒基督教會，1830，1981版本)，無編頁碼的引言。

⑥出處同上。

⑦2 Nephi 29：10 出自《摩門經書》p.110。

⑧摩門經書第8章第28-33節，出處同上。

⑨瑪莉安・威廉遜所著《光照派：回歸祈禱》(*Ilhuminata：A Reture to Prayer*)(紐約：Riverhead 出版社，1994)，pp.4-6, 17-19。

⑩馬可(天主教譯馬爾谷)福音第13 章7-8.19節。

⑪Mircea Eliade 所著《已成聖者與未受祕傳者：宗教性質》(*The Sacred and the Profane：The Nature of Religion*)譯者：Willard R. Trask(紐約：Harcourt, Brace and World, 1957)，p. 92。

⑫Christina 與 Stanislov Grof 合著〈激烈的尋找自我：個人經歷轉型危機成長指南(The Stormy Search for the Self：A Guide to Personal Growth through Transformational Crisis)(紐約：Perigee-Tarcher-Putnam，1992)。

⑬丹尼爾‧柯曼(Daniel Coleman)在《紐約時報》發表〈一個崇拜者的心靈〉(A Cultist's Mond)文中,引述馬克‧嘉蘭特(Marc Galanter)博士的話。

⑭狄恩‧凱利,在查爾斯‧克拉克所著〈美國的崇拜時尚〉(Cults in America)中的談話,這項資料收錄在《國會每季研究》(*Conressional Quarterly Researcher*)第3卷第17號,1993年5月7日,pp.387＋。

⑮文鮮明牧師,引據〈療癒世界:文鮮明的生平與教誨介紹〉,摘自《統一教》,p.19。

⑯參閱 Michael L. Mickler 的〈領袖魅力領導的軌跡:兩個史例〉(Charismatic Leadership Trajectories:Two Case Histories),收錄在 Jeffrey K. Hadden 與 Anson Shupe 合編的《先知宗教與政治》(*Prophetic Religions and Politics*)(紐約:Paragan 出版社,1986)。

⑰文鮮明牧師於1996年11月6日爲一八五國成立促進世界和平家庭聯合會,在印度新德里發表的演講〈尋找宇宙起源〉(In Search of the Origin of the Universe),p.22。

⑱Jacob K.Olupona 提出的報告〈撒慕爾‧比里歐‧歐秀法與西非的基督天國教會〉(Samuel Bileou Oschoffa and the Story of the Celestial Church of Christ in West Africa)該報告在1997年11月在華府舉行的促進世界和平宗教聯合會會議上發表。

⑲撒慕爾‧歐秀法接受范米洛拉‧歐洛魯尼索拉(Funmilola Olorunisola)的專訪,刊載於《鼓聲雜誌》(*Drum Magazine*)1989年1月期刊,p.6。

4 各宗教之間的關係
Relationship Between Religions

進入廿一世紀，世上盛行的宗教非常多。其中不少宗教的活力充沛朝完全不同的方向發展。甚至在同一宗教內，許多宗教團體也走出一條與原先的信仰不同的路子——這種情形與伸張女權主義的猶太人與極端東正教猶太人的崛起是一樣的。誤解、排斥、各宗教團體間的競爭，甚至相同宗教出現不同版本，在在成為歷史上重大衝突之源。例如，基督教會經過長期發展，至今已分裂成兩萬一千個不同的教派，其中有些甚至彼此敵對不和，雖然其教祖耶穌教誨人們要愛鄰人。

既然各種文化出現空前的融合，各宗教之間關係起衝突的可能性便有增無已。然而在此同時，許多人也致力於促進不同宗教之間的人際和諧。在本章中，我們首先要考慮的問題是，是否各種宗教實際上都教導同樣的道理；如果能夠辨認一些基本的共同點，必當有助於緩和各宗教之間的緊張。其次，我們要探討兩個晚近新興宗教——錫克教（Sikhism）與巴哈伊教（Baha'i）——這兩個宗教鼓勵普世接納所有的宗教。最後，我們將檢討現有的各

個宗教間互動的努力，其目的是在促進人類團結，並邁向成聖。

宗教間的異同

　　有關各宗教之間異同程度的問題，可以從許多角度切入。結果如何多半要看我們所檢討的宗教層面而定——不論是探討其禮儀、地理位置、創教期、教義或是者倫理學。我們還必須考量一個事實：每一個宗教都是錯綜複雜，不斷演化的，而且各宗教的信徒以不同的方式理解該教。因此宗教比較工作必須從廣泛的概括化層面著手。

　　如果我們從外部的禮儀探討，會發現各宗教的規矩相去甚遠。有些宗教堅持頭部必須覆罩，有些堅持必須裸露。有些主張絕不能剪髮，因為頭髮是神賜給的；有些宗教則明定寺院教規，主張一定要剃光頭，以示對俗世的超脫。有的宗教設有女教士；有的則嚴格限制女性的參與。有的宗教以獻鮮花、素果、供明燈以及上香來敬神；有的則以活生生的動物獻祭。有的宗教站立禮拜；有的則以盤腿席地而坐的方式致敬禮。有的宗教主張在神前要保持沈靜；有的則在神前舞蹈、叫喊，直到覺得神靈力量臨在才倒下來。

　　從事比較宗教的學者一度以地理位置——「東方」對「西方」宗教——來分類，以便對兩者的異同作一概括化。然而，地理的分野法已不再管用，因為許多宗教早已遍傳全球各地，在距離發源地遙遠的地方，出現活潑信仰的景象。如果要把印度教侷限於「東方」的或者「印度」的宗教類別，則桑納坦納法中所包含的廣大靈修方法與哲學，便錯誤的被歸併在一起了。

　　有些分析家以各宗教在歷史中崛起的時間予以分類。根據這套系統，在所謂的前軸期（Pre-Axial Age），像是桑納坦納法門

與原住民信仰等古代宗教，均視這個世界充滿神聖。到了**中軸時期**（Axial Age），亦即公元前第八世紀到第五世紀這段極盛時期，世上出現了許多偉大的精神導師，包括佛陀、孔子、查拉修斯特拉（Zarathustra；古波斯祆教始祖）、猶太敎先知以及古希臘哲學家等。這些導師認爲，在世俗現實與超越的無形現實之間，確有一個明顯的分野。「另一個世界」被視爲較高層次的道德秩序，世界上所有的人都應該嚮往這個更上一層樓的世界。至於後軸期（Post-Axial）出現的宗敎，如基督宗敎與伊斯蘭敎等都繼續並發展這個主題。然而，根據這些宗敎發源時期界定的宗敎特色，卻並不適用於過去，也不適用於現在，因爲當代出現了例如新多神敎與耶和華見證人等許多新興宗敎。

二十世紀，從事比較宗敎研究的學者也花費相當心力去分析各種宗敎敎義的異同。有人達成這方面結論，認爲各宗敎是絕對不同的。一個基本差異顯然在於對終極實相（ultimate reality）的概念。**有神論**（Theistic）宗敎如基督宗敎、猶太敎、伊斯蘭敎都尊奉一位有位格的至高天神或多位神祇；非有神論宗敎如佛敎，則不談宇宙的創造者，只論及生命受到的非個人過程如業力（karma）的支配。但這兩種宗敎的區分並不十分明確，因爲佛敎也有有神論之說，而基督徒、猶太敎徒與伊斯蘭敎徒的神祕經驗者都說有一位非「人」的終極實相。雖然如此，卻很難說佛敎的說法完全呼應了基督徒、猶太敎徒口中所稱的「上帝」，與伊斯蘭敎徒所稱的「阿拉」。

這種基本敎義的不同，導致對生命的基本問題作不同的解答。以受苦的問題爲例，對佛敎徒來說，在世間受苦本身是生命的既有事實。靈性修行的重點在於求得最後能夠脫離生、死輪迴的痛苦，而對基督徒而言，他們信的是創造一切並掌管萬事萬物

且充滿愛的上主。很難了解這位上主為何讓好人受苦。根據基督教自耶穌門徒保羅（天主教譯保祿）的教導形成的神學，這個難解之謎的答案是跌倒——即聖經上記載的原始人類由於不服從上主的命令，被逐出上主原來創造的天堂之後，才開始承受痛苦。以現代的詮釋，原祖亞當與夏娃的故事是藉神話說明罪苦乃出自人類的自由意志選擇的結果，因此人類遠離了上主的計畫。根據基督教的解釋，人只有接受為拯救全體人類而受苦，且被釘死在十字架上的耶穌為救主，才能除去這種瑕疵的環境，並經由聖神的力量體驗到無以言宣的內在平安與喜樂。

就倫理學方面而言，可以說所有宗教都教導同樣的基本人類價值。所有宗教信仰都鼓勵人慈悲為懷、利他、遵守道德規範，勇敢的維護真理。這種「放諸四海而皆準」的特點在每一個宗教都曾出現。根據錫克教的經書，據說我們人類被發自我們內心的五「敵」所攻擊，這五個天敵是肉慾、憤怒、貪婪、無知、自私。如何克制這些消極的傾向呢？方法各有巧妙不同，但所有宗教在教導人心擺脫我們內在的邪惡方面，可以說是殊途同歸的。耶穌說：「放下一切，跟隨我吧，因為我將帶你到我父的國裡，在那裡你將獲得永生。」①而佛陀則說：

> 審察你的心，隨時警醒。把你自己拉起來如同一頭
> 大象使勁從泥淖裡脫身。②

除了教義、倫理學及靈修之外，許多當代學者還得到以下的結論：各宗教在體驗合一基本上是一致的。正如威華佛列德・康特威爾・史密斯（Wilfred Cantwell Smith）指出的，所有宗教獲得的啟示來源其實是同一個。基督神學家約翰・希克（John Hick）

認為，各種宗教因其文化不同，對同一實體產生的反應也不同。而伊斯蘭教學者佛里斯約夫‧舒翁（Frithjof Schuon）認為，所有宗教共通的神祕經驗基礎，只能透過人的內在開悟而得，無法透過學者的分析獲致。史托斯（W．T．Stace）在討論神祕主義與哲學的異同時，作了以下的解釋：

> 神祕經驗，在體驗「當下」，完全無法概念化，所以也完全無法言宣。這是「必然」如此的。你不可能在無差異的一致性之內產生觀念，因為根本沒有分離的項目能予概念化……但是後來當這個經驗被憶起時，這件事就大大不同了。因為那時我們是在常人的知覺意識界。③

由於各宗教同時有相似點與不同之處，也因為各宗教間的界限可能成為暴力的根源，若漢‧嘉爾頓（Johan Galtung）教授這位國際和平研究機構的創始者，便發展出一套跨宗教類型學。他指出，對所有宗教信仰修行者而言，這些宗教界限根本就不存在。他認為，宗教體驗的特徵是它的「熱」。其中心是極大的、神祕而驚人（mysterium tremendum）的至熱核心，也就是直接體驗到史泰斯所指出的超自然「那一位」（Other）的神祕。這種宗教經驗只有一致性，無論此人體驗到的「大神祕」（great mystery）係來自東方或者西方，也不論是古代或者後現代。因此通常造成宗教組織疏離的各種壁壘，根本就沒有意義可言。

嘉爾頓將上圖由內而外、從深到淺的圓形核心外圍，劃分成許多等分，標明不同宗教的名稱。外圍的宗教與接近中心的內圓圈形成兩個同心圓。最靠近核心的圓圈最為「炙熱」，其中包括

普世性的誡條

比較宗教學者發現，在所有主要宗教裡都有一個中心道德教訓，其型式幾乎一模一樣。茲列舉說明如下：

「總結責任如下：勿對他人做出如別人對你這麼做時，會令你感到痛苦的事情。」——印度教〔摩訶婆羅蜜多（Mahabharata）第5章1517節〕

「在快樂與痛苦中，在喜樂與悲痛中，我們應該像對待我們自己一樣地對待所有受造物。」——耆那教〔大雄（Lord Mahavir）〕

「會讓自己受到傷害的方式，不要用來對待別人。」——佛教〔上風-Varga 第五章第18節〕

「己所不欲，勿施於人。」——儒教〔論語〕

「絕不對他人做於己無益的事，這是唯一的好天性。」——祆教〔達迪斯坦-義-狄尼克（Dadistan-i-Dinik），第94章5節〕

「你所憎惡的，不要加諸別人身上。這就是法律；其他一切都是詮釋。」——猶太宗教〔塔爾姆德經安息日篇（Talmud, Shabbat）31a〕

「凡你們願意人對你們做的，你們也要照樣對人做：法律和先知即在於此。」——基督宗教〔馬太福音（Matthew）第7章12節〕。

「一個人除非像愛自己那樣的愛他的兄弟，否則不算是個信徒。」——伊斯蘭教〔遜奈（Sunnah），意即聖行〕

「不要與人為仇，因為上主在每一個人之內。」——錫克教〔聖典（Guru Granth Sahib）259〕

「基本法則在於尊重所有的生命。」——美國原住民〔大和平法則（The Great Law of Peace〕

〈以上摘句由促進宗教了解組織彙編〉

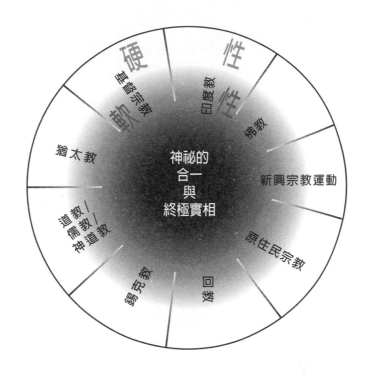

圖中文字（由外圈起，順時針方向）：

硬性

基督宗教

印度教

佛教

猶太教

新興宗教運動

神祕的
合一
與
終極實相

道教—儒教—神道教

原住民宗教

錫克教

回教

圖示的解說宗教信仰的性質，分為「硬性」與「軟性」兩大類。愈靠外圈象徵世上九大宗教無論在禮儀或教義方面，彼此間有著化解不開的歧異。然而愈是接近核心，彼此間的界限便愈模糊，顯示人們一旦觸及信仰核心，大可置教派的歧見於一旁，彼此分享共同的靈修經驗。核心部分代表直接的神祕經驗，這個經驗是超越個人信仰體系的。

嘉爾頓所稱的**軟性宗教**（soft religion）。照嘉爾頓的解釋，在此處，一個佛教徒與一個基督徒各自堅持其宗教觀互不相讓的歧見，絕不可能有交集，但基於同為人類的角度，雙方必能交心。他們之間沒有可怕的心牆將雙方隔開。的確，在我們的時代中，許多基督徒不斷地探索、學習佛教教義，並採行佛教的冥想技巧。

在圖中外圈的宗教經驗中，基督教與佛教，伊斯蘭教與印度教桑納坦納法門，桑泰里阿教與耶和華的見證人，顯然彼此間存在著很大的差異，這種硬性的外圍特徵在所有宗教都看得到，各宗教信仰均自認為是獨一無二的真理，自覺負有天命要向世人傳揚其唯一真理，以拯救普世萬民，自覺其信仰優於其他宗教。甚至認為以暴力壓制其他宗教是在履行正義。

普救論的宗教

許多宗教創始者建教之初並未硬性劃分門派界限，等到該教後來建立制度以後，往往會為了自身的利益而劃分界線。耶穌、穆罕默德不曾教誨過人懷恨在心，但是後來宣揚教威的各派信徒，有些甚至彼此內訌，對信奉其他宗教的人極盡打擊之能事，排斥有加。至今有些宗教依然自認唯獨自己的信仰才是真理，其他的宗教都沒有真理，近世興起的兩個宗教——錫克教與巴哈伊教——所持態度則正好相反。這兩個宗教殊途同歸：錫克教徒樂於視全體人類為一體，而不論其宗教信仰為何；至於巴哈伊教則認為應該世界大同。

■錫克教

錫克教的根源可溯至北印度的印度聖者與伊斯蘭教聖人的神祕經驗，錫克教《聖典》（*Granth Sahib*）除收錄這些聖人的著作，還包括錫克教上師們的經典之作，並且不分門別派，這是十分罕見的，因為在十六世紀征服印度建立伊斯蘭教帝國的蒙古帝王統治期間，伊斯蘭教徒與印度人在政治上是仇家。第一代錫克教上師納那克上師（Guru Nanak），據說在十五世紀末期有一次沈浸河中不見人影，顯然是得到了深切的開悟經驗。他現身時說道：「既非印度教，也非伊斯蘭教，那我該遵循那一條道路呢？

我要追隨上主的道路。上主既非印度人，也非伊斯蘭教徒……」
④

納那克上師遍遊各地，北起喜馬拉雅山，南到斯里蘭卡，西至麥加，總是一身伊斯蘭教徒朝聖者的打扮，他的外袍上繡著《古蘭經》。他不斷質問印度教與伊斯蘭教的宗教人士，何以他們的外表信仰虔誠，內在靈性卻乏善可陳？但他同時肯定兩個宗教的真理。納那克上師勾劃出的神學修行之路並不複雜，反而切合實際：人必須努力工作自食其力，誠實賺錢並與人分享，不斷誦念上主的名，永遠不忘上主。他指出的修行道路根源於神祕體驗到上主，以及對上主的熱愛，而上主是不知門戶之限的。

錫克教一共出了十位上師，全部都是神祕學家，據說他們行過許多奇蹟，他們強調宗教的根本真理甚於外在的禮儀。第五位錫克教上師被統治印度的蒙古伊斯蘭教帝王迫害至死，但據說他始終堅定信仰，始終保持對上主的熱愛，而且對伊斯蘭教徒沒有懷恨。第九位錫克教上師則為了保護印度教徒的宗教自由而捨棄了自己的生命。第十位錫克教上師是戈賓・辛赫（Gobind Singh）（1661-1708），他訓練他的錫克教弟子們要對所有弱者、受迫害者伸出援手，而對宗教暴君要挺身反抗。他說過：

> 寺廟與清真寺都一樣，
> 寺內的崇拜方式也是一樣。
> 雖然種族眾多，全體人類卻是一體的，
> 因此，要明白人類必然的合一。⑤

錫克教從不覺得要去影響其他宗教信仰的人改信錫克教是他們天命，因此錫克教上師們傳揚的普救運動，大半僅限於印度一帶與旅居海外的印度人之間，雖然如此，錫克教如今已成為世上第五

大宗教，迄今兩千萬錫克教徒絕大多數為印度人。二十世紀期間，錫克教也被泛政治化了。為了擺脫印度中央政府的管轄而自立，有些錫克教徒提出了一套排他主張，事實上這有悖其歷代上師的普救論教義。錫克教的《聖典》雖然有英譯本問世，其翻譯卻是蹩腳的，一般而言，除了錫克教徒，其他地方的人普遍不知道有這本聖書。

■巴哈伊教

相形之下，巴哈伊教（Baha'i）對現世有一個自覺的使命。巴哈伊教的創始者是伊朗人巴哈烏拉（Baha'u'llah，1817-92）。由於伊斯蘭教徒認為穆罕默德是最後一位先知，巴哈烏拉自稱先知當然不見容於伊斯蘭教統治當局，因而遭到驅逐流亡與監禁，他絕大多數的啟示都得自此一時期。雖然遭到迫害，巴哈烏拉卻教導信徒要尊重所有宗教信仰。他說：「上主的宗教是愛與合一的宗教。……千萬不要藉此對立、不和。」⑥人類僅憑自己有限的心靈，無法透徹了解上主的無窮盡本質。相反的，在神差遣的使者，也就是全球幾個主要宗教的創始者引導下，人們開始認識了上主。他們全都是彰顯上主的人，是協助人類了解上主旨意的管道。人類在不斷的邁向成熟，就好像一個孩子長大了，才能夠掌握複雜的思想。每一次神的使者出現，所傳達的訊息總能切合當時人類的精神成熟程度。巴哈烏拉宣稱他所得到的啟示是最新，最適合當今時代的需要。他傳達的訊息包含跟早期先知所有啟示同樣的真理，不同的是，其中增加了一些他認為人類如今能夠理解的新狀況。

巴哈伊教覺得他們信仰中所提出的嶄新概念就是合一——即全體人類的合一，所有宗教的根源只有一個，所有先知都是一體的。他們覺得，如今人類首次有機會為了世界和平、全球社會正

義，以及建立和諧有序的社會等緣故而團結一致。巴哈伊教藉著謹慎安排接棒人，設立中央組織，吸收其他宗教信徒改信巴哈伊教等活動，如今全球成員已廣增到五百萬人。由於成員的文化背景多元，他們試圖在自身信仰內提供一種「新世界秩序」的模式，展現即使不同背景的人們也能彼此和諧相處，協力合作的景像。

各信仰間的活動

　　除了普救論者的宗教思想，還有許多人致力於推動不同宗教信仰彼此間展開對話溝通。前任世界教會會議（World Council of Churches）主席，目前執教於美國哈佛大學的黛安娜‧艾克（Diana Eck）教授認為，各宗教間彼此發生關係的基本方式有三，第一個是**排他主義**（Exclusivism），也就是說某一宗教信仰自認傳揚的是唯一眞理。這種感覺絕非微不足道，因為深切的信念是宗教信仰的中心。然而，如果以僵化的推論反映這個信念──「則其他所有宗教都是虛假的，故不容立足」──那麼宗教的界限將益趨僵化、分裂，衝突在所難免。這些過程可能在某一宗教內部發生，也會出現於不同宗教之間。

　　艾克教授接著分析，第二種形式是**相容**（inclusivism），即認為全球應該有種單一性的世界宗教，或者說該宗教應有足夠的空間包容所有不同的宗教。在此過程中，各宗教間的差異在普遍地結合下顯得並不重要。

　　第三個途徑，也是艾克教授最喜歡的，她稱之為多元發展（pluralism）。到了此一階段，人們繼續堅守本身的宗教信仰，但同時對其他不同的宗教信仰，則保持一種好奇、友善、尊重的態度。

巴哈伊教
當代建築的
精神原則

全球的巴哈伊教徒爲該教興建的七座設計十分現代的廟堂感到自豪。這些建築均出自全球巴哈伊教徒的自動捐獻，是他們對未來宗教走向世界大同看法的表徵，未來的普世宗教對舊有的宗教將保持尊敬，同時將超越舊的信仰。第一座廟堂位於美國伊利諾州的威爾米特（Wilmette），是一座圓形的建築物，其後在烏干達、澳洲、德國、巴拿馬、西薩摩亞以及印度等地各建了一座。一九八六年在新德里完成的巴哈伊教徒所蓋的廟堂，被譽爲二十世紀建築最偉大的成就之一。

位於新德里的巴哈伊教禮拜堂建築構想，既考慮到印度人的精神傳統，同時要指出不屬任何宗教。建築外型好像一朵巨大的蓮花浮在塘上。建築師費里柏茲‧薩巴（Fariburz Sahba）解釋如下：

> 蓮花出污泥而不染，以至潔高雅之姿浮現水面，雖處污穢卻纖塵不染。其秀美無瑕象徵印度所有宗教神話的精神與美麗。它像顆星星在印度的水面上閃爍發亮。③

古印度教經文，向以蓮花象徵神聖的誕生，是原始混亂水域生出的第一個生物。同樣的，一個人內在的精神能量微妙中心，也被形容像朵含苞待放的蓮花。佛教藝術家常以同一象徵，恭繪佛陀與菩薩或坐或站在綻放的蓮花上冥想。蓮花的圖案，在伊斯蘭教建築中一樣看得到。

建築師決定讓蓮花建築像是一座光之廟堂，猶如佛教徒托著「蓮花中心的珠寶」，是向遍存於萬物內的光明致敬。光與水的效果是設計的兩大要素。禮拜堂內既沒有彫像，也不設神龕。

巴哈伊教非常注重環保，因此在寺廟內絕不用會造成環境後遺影響的空氣調節器。即便在新德里氣溫通常高達華氏113度（攝氏45度）的盛暑，寺內也僅以風扇與越過四周的池塘，以及來自涼爽地下室等的自然對流設計的涼風，傳送到中央「花蕾」來消暑解熱。

　　這座難得一見的建築高三十四公尺，位於廣闊的花園內，從老遠就能看到它，好似一朵突出於污染市街與市集的脫俗奇葩。這個極盡視覺效果的設計，產生一個奇特現象，內部的音響會混成一團。某處發出的聲音會一再迴響到其他有稜有角的牆面，造成聲音的重疊，後來的聲音會蓋過前面的聲音。所幸，這個會堂本來就只供人祈禱用，並不用來講經說道，因此在寺內談話幾乎聽不清楚這點，反倒成了這個富有靈性氣氛的寺宇的一個特色。在寺內歌詠誦唱必然出現的延長音迴盪效果一再重疊，使得最單純的歌曲都具有超俗的特質。

圖示是位於印度新德里的巴哈伊教禮拜堂，其造型像一朵蓮花，不特別指明屬於任何一個宗教。

各信仰間(interfaith)的活動所要努力的目標,不外乎超越排他主義,朝向較多元的關係進展。此一運動在二十世紀出現重大動力,其起源與基督徒合一運動(Christian ecumenical movement)大有關係。基督徒合一運動旨在超越基督教派之間有關教義與組織方面的歧見,以重現當年耶穌及其門徒所宣揚的宗教。朝此方向努力邁出的重大一步,是在一九四八年成立的世界教會會議,其成員包括來自各大基督教派的代表。梵蒂岡教廷以自基督一脈相承的正統自居,與此宗教會議保持距離,但是不少天主教神學家,卻積極參與探討基督宗教合一的相關主題。

■各信仰間的對話

　　除了基督教教會內部致力推動療傷止痛的工作,二十世紀還出現不同宗教信仰派出的代表,彼此展開對話溝通。例如,猶太教徒與基督教徒便展開了對話,試圖以嶄新的角度審視過去兩大宗教結下的冤仇,期望能夠重新發現彼此的共同點。

　　二十世紀還可看到許多宗教間舉行的會議,其目的不外乎促進各宗教信仰的和諧。這類性質的第一個重大會議於一八九三年在芝加哥舉行,名為世界宗教議會(Parliament of the World's Religions)。當時不像現代交通發達,通訊系統便捷,這次史無前例的會議,呈現了不同文化背景與各宗教間的歧異。對美國的代表團來說,此次會議的英雄人物是印度籍的史瓦米・維威卡南達(Swami Vivekananda)。此人一身印度傳統打扮,因為他的關係,西方世界這才注意到了東方宗教,他在這個歷史性的會議閉幕會中發表的以下一席話,真正發揮出醍醐灌頂的作用:

　　　　如果本屆宗教議會的召開,是向世界表明某種訊息,那不外乎是:它證明了神聖、純潔與慈悲並非世上

任何教會所獨有的，而且每一個制度都能造就出最具有喜樂性格的男男女女。面對這個事實，如果還有人夢想，只有他的一派宗教能夠續存，別人的宗教都要毀滅，我打從內心深處為他感到可悲。⑧

　　各宗教間的會議可望出現和諧發展的展望，導致常設委員會的成立，這些委員會負責協調未來的重大活動，以及其他增進彼此了解的活動。這些團體變成了龐大的組織，各有各的職員、會員以及基金會。可笑的是，這些團體竟開始為了爭權而不和，正如各宗教組織為了競相拯救人的靈魂而彼此對立。甚至在這些促進宗教了解的團體本身內部，也出現了傾軋。一個遺憾的實例發生在一九九五年，當時歷史最悠久的宗教團體之一「世界宗教與和平聯合會」（World Conference on Religion and Peace），在義大利北部一處風光明媚的湖濱召開全球會議。最後這個會議竟演變成權力鬥爭，結果竟出現了任命二十八位主席的局面。其實這個組織中有許多人有心協助因信仰不同而干戈相向的國家，像是前南斯拉夫等化解歧見，締造和平，結果出現上述的結局，難免令人感到可悲可笑。

　　雖然如此，但始終有人認為各宗教出現和諧的發展是有希望的。西元一九九三年適逢芝加哥世界宗教議會（Chicago Parliament of the World's Religions）一百週年紀念，前來參加這次盛會的共有來自西元一二五個宗教的八千七百名代表，此外，還有數以千計的人因場地有限不得其門而入。與會人士聽到了數百種豐富的靈修經驗，以及各式各樣的宗教教義。基督教的韋恩‧提斯達爾（Wayne Teasdale）修士，讚揚這次盛會是第二中軸時期（Second Axial Age）的預兆，在這個時期，「由於人類家族發現

了普世性的身分認同，以致民族主義、狂熱主義均將消失無蹤」。他認為這次議會是「被一種真正開放、互相聆聽與尊重的精神所激勵，是有史以來的一個超越的時刻。」⑨

然而，這次議會還舉行菁英會議，由全球最知名的宗教領袖大約三百人參加。與會代表獲知要討論一項他們不可能更改的全球倫理道德文獻，結果龐大的會議淪為對議會程序的爭執。或許可以這麼說，個人或許較制度化的各派宗教及其宗教領袖擁有更為開放的心靈，畢竟宗教領袖只顧專注以自己的方式傳教。

此外，有許多學術會議針對各宗教間明顯的歧異進行探討，希望發現某些共同點，或者至少彼此能包容歧見。不同宗教的學者於是聚集國際會議中，探索基本原則，例如對終極實相的概念，或者對邪惡存在的詮釋等看法不同的地方。在這些沒有壓力的環境下，這些歧見可以經提出、探討而不必有競爭。不同宗教信仰的人，即使意見不同，至少從此能夠互相保持較敏感的態度。

當代各宗教間運動活躍的最新明證是一個觀念的提出，認為應該設立一個永久性的組織，由各宗教領袖集會晤談，向聯合國或世人就全球問題提出忠告。目前至少已有四個不同的組織以不同的型式提出這樣的觀念。

其中之一名為「聯合宗教運動」（United Religious Initiative）的組織，是由加州的聖公會（Episcopal）主教威廉·史溫（William Swing）所成立，他的崇高理想是，成立一個由各宗教的高層代表能每天會面的永續發展機構。史溫主教的這項計畫希望做到：

將各種宗教與精神傳統帶到會議桌，在此，彼此尊

重對方的獨特性，同時尋求為促進彼此間的和平必備的
共同點，群策群力致力與當地組織、全國及國際組織對
話，裨為全體人類締造一個永續發展的未來。⑩

　　為了充分實現這個宏偉的願景，需要龐大的資金以及各大宗
教的支持，目前尚未達到這一步。在此過程中，亦出現了一些問
題，究竟那些組織應該派代表，由誰代表等。例如，新興的宗教
運動是否也應該派代表？原住民的宗教呢？如果應該派代表，要
邀請的宗教有那些？如果來自各式各樣宗教信仰的個人要組成類
似的組織機構，他們有何權力？在另一方面，即使高層官員獲得
個別所屬宗教團體的全力支持而共聚一堂，他們究竟是否代表了
真正的精神願景，抑或只為達到他們所屬官僚組織的目的？為發
展類此機構的努力正方興未艾，即使有關這些問題的確切決議近
期內還不可能出現。
　　在廿一世紀來臨之際，另外還有一個各宗教間的行動相當受
到歡迎，就是在宗教的忠告下對基本倫理原則試圖予以界定。這
個觀念認為，聯合國可以通過、並且運用類似「普世人權宣言」
（Universal Declaration of Human Rights）之類的文獻。瑞士的漢
斯·孔恩（Hans Küng）教授，是目前致力促成此一宣言的有心人
之一。他提出的長篇論文〈促進全球道德重整運動〉（Moving
Toward a Global Ethic），在一九九三年舉行的芝加哥世界宗教
議會中曾有部分代表提出討論，並且暫時性地達成協議。就本質
而言，孔恩教授的文獻提出人類所有文化共有的行為基本標準有
以下四項：

　　　不殺生：要尊重所有生命！

不偷竊：要誠實、公平的交易！

不撒謊：要說真話，言行相符。

不邪淫：要互相尊重，彼此相愛！⑪

　　許多人對孔恩教授的文獻提出異議，認為這些觀點太偏西方，太冗長了，而且並未透過各派宗教的充分互動。雖然如此，即便這樣一份文件得不到普世的認同，它還是適用於學校供其在培養兒童人格教育方面，作為不分宗教派別的人格教育基礎。舉例而言，孔恩的文獻中就不提神，這是為了避免對非神論傳統下的人們造成離間。

■各信仰間的崇拜

　　除了宗教組織與學術界努力促進不同宗教信仰的人們更趨和諧，在我們的時代中，也有許多人努力揉合不同的宗教禮讚崇拜方式。每當舉行宗教間的會議，往往由不同信仰的人士來領導禮讚崇拜。更有一些供各宗教共用的小禮拜堂興建而成，讓不分宗教派別的信徒崇拜之用。許多國際機場都有這樣的教堂設立，忙碌的旅客在機場等候延誤的班機時，可以利用這樣一個有安寧宗教氣氛的小禮拜堂。

　　另一個新興運動「普世崇拜」（Universal Worship），是由伊斯蘭教蘇非派(Sufi)神祕學家哈茲拉特‧伊納亞汗(Hazrat In-ayat Khan)在二十世紀初期所創立，由受過訓練通達各種宗教的教士來舉行這種崇拜儀式。祭壇上同時擺放著經書或各大宗教的象徵，為每一宗教置一蠟燭，並從單單一個蠟燭取火點燃，此舉象徵所有宗教都是由相同的神光所啟發。教士們帶領歌詠、讀經、或許還有舞蹈，展示來自不同宗教的神聖經驗。在同一禮儀中，與會者可能聽到摘自猶太教托拉(Torah)的經文，基督教的

圖為印度「上主之屋」（Gobind Sadan）社團的成員信仰各式各樣的宗教，以及不同宗教信仰的團員。在創辦者巴巴‧維薩‧辛赫與叙利亞東正教主教保羅斯‧馬爾‧葛雷戈里歐斯（Paulos Mar Gregorios）（前坐者）的領導下，正在慶祝耶誕節。

祈禱，誦唱印度教曼特羅(mantra，禱文、符咒)，以及佛教的冥想方式，並以原住民傳統的敏感，對一朵花或一塊石頭默想沈思。這種當代的禮敬崇拜形式，對那些渴望得到靈修經驗而非制度化宗教的人們相當具有吸引力。伊納亞汗說，這種綜合崇拜方式也表達了促成各種宗教興起的先知們的心願：

　　　　這滿全了摩西的祈禱，耶穌基督的熱望，也切合穆罕默德的心願，亞伯拉罕的夢想。他們全都熱切渴望有朝一日人類不再分裂成不同的宗教派別。⑫

　　印度有一個名為「上主之屋」（Gobind Sadan）的靈修團

體，也表達對這種綜合各宗教禮敬崇拜的切望。許多有著錫克教背景，早就懷有普救論思想的人們，住在「上主之屋」經管的農莊與靈修中心。此外，還有不少長駐或短期駐留的印度教徒、伊斯蘭教徒、基督徒、猶太教徒，到此地來提供自動服務，接受「上主之屋」創辦人巴巴・維薩・辛赫（Baba Virsa Singh）的靈修指導，並且在每逢各派宗教各位先知的生日時，舉行慶生會。每年到了耶誕節，向來都要點燃數以萬計的蠟燭與油燈，歡唱耶誕節歌曲，同時聆聽巴巴講述耶穌的訓誨。在「上主之屋」，人們也以印度教的方式紀念黑天神的生日，大家親愛的拉著一根繩子，輕搖躺在搖籃裡的黑天神嬰兒形象。而為伊斯蘭教先知穆罕默德舉行的慶生會，則會出現歡欣誦唱伊斯蘭教的頌詞，不同宗教信仰的人們同時熱切地一再叫喊：「先知穆罕默德今天誕生了！」

為了鼓勵追隨者去了解一切宗教，巴巴對大家解說所有先知的生活紀實與教誨，而不多談以他們之名建立的宗教。他教導說，所有先知都來自同一個神光，這個光源被賦予各種不同的名稱。他對他的觀點作了以下的解釋：

　　我不曾皈依任何特定的宗教，因為神給了我這樣的感覺：制度化的宗教是避難所。上主說：「我要你去宣講「法」（dharma，含道德律，宗教的本質）。法是上主所創立的。法是什麼？博愛而已矣。

　　從小我就不斷的問上主：「為了愛耶穌，一定要成為基督徒嗎？或只是愛就夠了。」上主回答我：「不一定要成為基督徒。但一定要愛耶穌。」

　　我又問：「相信摩西，一定要遵守任何特別的誡律

嗎？或只需愛？」神指示：「只要愛」。我又問：「一定要成爲伊斯蘭教徒才能令穆罕默德歡心嗎？或只需愛？」上主說：「必須要愛。」「相信佛陀一定要去當和尚或成爲佛教徒嗎？」上主回答：「不，信佛陀就去愛。」

　　一而再的，上主說：「我創造人類。後來人類創造不同門派的宗教。但我創造的只有人，我沒有創造宗教。」⑬

靈性的未來

　　綜觀全球宗教景觀，我們發覺到，目前五花八門的活動紛陳。雖然許多人認爲這是個黑暗時期，就精神方面而言，這也可能是非常豐富多彩的時期。許多宗教團體與個人忙著處理物質世界問題的同時，也致力尋求通達至高之神，以及發現彼此互相關連的新途徑。快速的現代化與全球化所呈現的混亂中，其實也出現了許多新的可能性與誘因，有助於實現所有宗教先知們的古老願景。

　　擔任聯合國祕書長助理多年的未來學家羅伯·穆勒（Robert Muller）博士有一個願景，認爲精神重生可望使這個世界改頭換面：

　　　　值此人類史上的重要時刻，值此第三個千禧年到來的前夕，世上各大宗教的主要職責不在於廣傳教義或禮儀，也不在於拓增信徒人數。他們在提升精神層次方面負有重大的責任，那就是要帶給這個世界迫切需要的復興運動，擺脫導致我們陷落的極端物質主義與道德淪

喪。問題不在於我們應站著或者跪著祈禱，不在於我們
的頭部應不應該包覆；問題在於我們是否會祈禱的功
課；我們是不是就是那個能對有需要的人伸援的善心撒
馬利亞人；是否我們能給年輕人點燃希望；是否我們能
重振給予付出的人生態度的神聖性，相信人有靈魂，相
信婚姻，相信忠誠信實。宗教的主要責任必須是去激發
全體人類的兄弟姐妹手足之愛，特別去愛被蹂躪者、窮
人、殘障同胞、被遺棄的兒童，還有無家可歸的人、難
民、以及暴力下的無辜受害者。⑭

　　所有宗教的先知與教祖都曾試圖指點我們通向美好未來的那
一條路。如果我們果真遵循他們的指引，或許這個世界就不是今
天這個樣子。然而在我們面前又是一個新的千禧年等著我們去塑
造。在此後現代宗教醞釀期，寄望廿一世紀蘊涵的許多宗教，將
有助於提升人類的精神層次。

註　釋：

①馬太福音第 8 章18-22節，約翰(天主教譯若望)福音第3-10章。

②出自佛陀所著《法句經》(*The Dhammapada*)，由雷爾(P. Lal)翻譯(162/92 雷克花園，加爾各答，700045，印度)P.152。

③出自《神祕主義與哲學》(*Mysticism and Philoisophy*)作者是史托斯(W.T. Stace)(紐約：J. B.Lippincott 公司，1960)，P.297。

④歐文·柯爾(Owen Cole)與皮亞拉·辛哈·桑比(Piara Singh Sambhi)合著的《錫克教信仰與靈修》(*The Sikhs：Their Religious Beliefs and Practices*)引述納那克上師的話。(倫敦：Routledge and Kegan Paul，1978)，P.39。

⑤出自戈賓·辛赫上師所著(*Manas kijaat*)與《　聖典 》(*Dasam*)，根據 Bhai Mani Singh Shaheed 編纂版本，1721，阿姆利則市，印度；ChattarSingh/Jiwan Singh 出版社)，P.19。

⑥出自《巴哈伊教簡介與其全球分佈》(*The Baha'is：A Profile of the Baha'i Faith and itsWorldwide Community*)引述巴哈烏拉的話(英國萊斯特郡巴哈伊教出版信託機構，1992)P.50。

⑦出自費里柏茲·薩巴紀念冊《開始憶起上主的地方》(*The Dawning Place of Remembrance of God*)，由印度巴哈伊教全國靈修大會巴哈伊教寺計畫出版，P.11。

⑧史瓦米·維威卡南達於1893年在芝加哥世界宗教議會中的演講。

⑨韋恩·提斯達爾修士在比維斯路易(Beversluis)發表的《第二中軸時期黎明階段的神聖社團》報告(*Sacred Community at the Dawn of the Saceond Axial Age*)，在前面引用的資料中 P.100。

⑩出自威廉·史溫主教所著《2000年聯合宗教運動：邀請共享願景，邀請大家改變這個世界》(*United Religions Initaitive 2000 ：An Invitation to Share the Vision, An Invitation to Change the World*)，1996年 7月，出版資料不詳。

⑪丹尼爾·戈梅茲-伊班尼茲(Daniel Gomez-Ibanez)博士所著〈促進世界道德重整運動〉，在比維斯路易發表，出自前面引用資料的 P.127。

⑫哈茲拉特·伊納亞汗所著〈一個新的型式〉(A New Form)出自 *Addresses to*

Cherags 一書(紐約黎巴嫩泉：蘇非教派)，P.75。

⑬巴巴‧維薩‧辛赫向霍利斯特(J. Hollister)所說的話，出自〈來自上主之屋的訊息〉，1997年8月，P.1。

⑭羅伯‧穆勒在比維斯路易提出的〈爲下一個千禧年作準備〉(Preparing for the Next Millennium)報告，P.4。

小詞典

Allah　**阿拉**　伊斯蘭教稱宇宙間的唯一眞主。

Anti-christ　**反基督**　某些基督信仰指出，到了末世，會有反基督的假基督出現。

anti-cult network　**反崇拜網**　企圖壓制新興宗教運動，視之爲洪水猛獸的一群組織。

apocalypse　**天啓**　根據部分宗教啓示，現世將在出現大動亂後毀滅。

ashram　**共修社團**　以某位上師爲中心的一群共修者團體。

atheist　**無神論**　相信沒有超自然力量。

atma　**自性（我）**　印度教信仰認爲，不死的靈魂可經多次輪迴而繼續。

Axial Age　**中軸期**　介於公元前第八世紀到第五世紀的這段時期，世上出現許多偉大的宗教領袖，包括佛陀、孔子、歷代猶太先知，以及若干希臘哲學家。

baptism　**洗禮**　藉由水滌淨罪愆的神聖洗禮，在基督宗教中，這是教徒入教必經的儀式。

bhakti　**虔信**　在印度教中，個人對某一最敬愛神祇的虔誠信奉行爲。

Boddhisatva　**菩薩**　佛教中的菩提薩埵（略作菩薩），奉獻出自己，以達至自身開悟，以及普渡衆生。

Brahman　**大梵**　印度人相信大梵是一切神聖的根源。

charisma　**領袖魅力**　精神領袖具有的非凡魅力。

Christ　**基督**　希臘語意爲「彌賽亞」，亦即救世主，指耶穌而言。

covenant　**聖約**　神與以色列子民訂立的神聖盟約。

creed　**信經**　特定宗教信仰的正式信條。

criminalization　**犯罪期**　此處特指引起爭議被視爲非法的新興宗教運動而言。

crisis of modernity　**現代性危機**　伴隨現代化而出現的社會與心理混亂危機。

cult　崇拜　指獻身於特定個人或神的一種宗教運動。

deprogramming　消除毒化思想　為強迫人們脫離新興宗教運動所採取的引起爭議的技巧。

dharma　法　印度宗教裡認為宇宙間的道德律，以正義在人間事務上呈現。佛教徒亦指佛陀的教誨為「法」。

diaspora　遊子　指從原有宗教發源地移往別處的宗教信徒而言。

dramatization　戲劇化　引起爭議的新興宗教運動為宣傳他們的宗教而採取的過度手法。

ecumenism　合一運動　基督教會的合一運動，或廣義的指所有宗教的合一。

enlightenment　開悟　對終極實體的內在體認。

Eucharist　聖餐禮　基督徒共享祝聖過的麵餅與葡萄酒或葡萄汁以成為(與基督的身體合一)基督「身體」的一部分。

evangelism　福音教派　特別指基督教的公開宣揚信仰，傳播福音，吸引人們皈依而言。

exclusivism　排他主義　只認為自己所屬團體信仰的宗教與自己的先知才是對的，其他宗教都不是真理。

feminist theology　女權神學　闡釋宗教喜歡納入婦女觀點與女權。

fundamentalism　基本主義教派　指堅守傳統宗教運動，跟現代自由化正好反其道而行。

global village　地球村　透過現代電腦與衛星系統，相距甚遠的人們彼此也能互通聲息。

globalization　全球化　指當代全球文化因金融、交通及通訊系統彼此關連。

gospel　福音　在基督教裡，有關耶穌的「好消息」，在聖經新約頭四章中有詳盡的記載。

gurdwara　錫克教寺廟

guru　上師　印度教稱某人為現世精神大師。

hajj　朝聖　伊斯蘭教每年在特定時節赴麥加朝聖。

holocaust　大屠殺　指第二次世界大戰期間，德國納粹殘殺大約六百萬猶太人

的大浩劫。

humanism　**人道主義**　其信念主張人類的拯救是靠人自己，而非某些超自然的神祇。

inclusivism　**兼容並蓄**　指所有的信仰都能納入某個廣泛的宗教之下(最好是自己的宗教)。

indigenous spirituality　**原住民靈學**　指現仍住在他們古老的土地上，較少受到現代工業社會影響的小規模文化成員，至今仍持有的信仰方式。

interfaith　**各宗教信仰**　指不同宗教間的積極關係而言。

karma　**業力**　印度宗教的術語，指個人因善行或惡表而對未來命運造成影響的因素。

liberation theology　**解放神學**　在基督宗教，代表窮人強調直接社會行動的信仰闡釋。

magic　**魔術**　運用超自然力量促成情勢發展。

Mahayana　**大衆部佛教**　盛行於東亞一帶的佛教主要流派，中文一般譯爲大乘。

messiah　**彌賽亞**　猶太人所期待的救世主，基督徒認爲就是耶穌。

millennium　**千禧年**　在基督教中，對一個千年黃金歲月來臨的期待，此即千禧年。

modernization　**現代化**　因工業化與都市化而出現的主要社會轉型。

multicultural　**多元文化**　包容世上各地不同生活方式及現象。

Neo-pagan　**新多神教**　指當代以自然爲取向的靈學型式，其起源係古老的信仰，但卻作現代的表達，其型式如巫術崇拜或女神靈學。

networking　**網路活動**　透過個人或組織間的聯絡網而擴大了個人的工作或任務範圍。

nirvana　**涅槃**　自我精神實現與自我棄絕而臻於的終極福樂狀態。

Noachide laws　猶太人相信起初上主爲亞當與諾亞訂立的精神規範。

nontheistic　**非有神論**　指不提任何個人神祇，只影射永恆不易的宇宙原則的多

種宗教，像是佛教。

pagan　**異教徒**　(多神教徒)歷史上對非猶太人、非基督徒或伊斯蘭教徒的一種
負面稱法。專指其信奉多神。

parable　**寓言**　以簡單的故事解說某一道德或宗教教訓。

Pentecost　**五旬節**　在耶穌死而復活之後發生的一件大事，耶穌的門徒們經歷
到上主像火舌般的停留在頭頂上，稱為聖神降臨。

pluralism　**多元發展**某一地點出現不同種族或宗教同時並存的現象。

polytheism　**多神論**　對多神的崇拜。

postmodern spirituality　**後現代靈學**　指許多現代宗教信仰，而非某一特定宗
教，其中包括尊敬自然、注重兩性平等，並相信神與
人共同創造現實。

quantum physics　**量子物理學**　研究物質的最微小質粒的一門學問。

Qur'an　**古蘭經**　伊斯蘭教聖經，上天啟示給先知穆罕默德。

rabbi　**拉比**　猶太導師或會眾領袖。

reincarnation　**轉世**　某人靈魂死後再生。

routinization of charisma　**領袖魅力的常規化**　將某宗教領袖的精神魅力轉化成
組織制度。

sacrament　**聖禮**　基督教的一種外在儀式，藉以表達內在蒙恩。

samadhi　**三摩地**　印度教術語，「三昧」或「定」，意即精神被無所不在的神
聖臨在吸納合一的境界。

Sanatana Dharma　**桑納坦納法門**　現今通稱為「印度教」(Hinduism)。
學術上的正確術語。

sect　**分支**　由某大宗教分出來的小支教派。

self-stigmatization　**自我受辱**　新興宗教運動採行的引起爭議的公開身分認同方
式。

shaman　**巫師**　被認為具有特殊神視能力的男女，他們能與精靈世界溝通，並
從靈界得到治癒的方法。

shariah　**回教律法**　由對古蘭經的闡釋及取自先知穆罕默德生平事蹟而寫成。

soft religion　**軟性宗教**　不強調宗教界限，而著重各宗教的相似精神體驗。

syncretism　**（宗教）融合**　兩個以上的宗教漸趨融合形成一個新宗教的過程。

textual criticism　**文本批判**　不以信仰爲基礎而對神聖經文作客觀的研究。

theistic　**有神論**　指基於信仰至高之神或多位神祇而形成的宗教。

Theravada　**上座部佛教**　佛敎的主要分支之一，一般中譯爲小乘佛敎。

Torah　**律法（托拉）**　猶太敎的聖經或敎義。

Vedas　**吠陀經**　印度古老的神示文學作品，如今稱爲印度敎者即以此經文爲基礎。

yoga　**瑜珈**　印度古老的修行方法，能助人與終極眞實合而爲一。

zaddik　**薩德**　在猶太敎中，指具有領袖魅力的哈西德派導師。

發音指南

以下是已儘量簡化的發音指南，說明一般所接納的正確發音。音節以空格分開，而重音部分則以斜體字印刷。除下表列有明解釋的這些以外，其餘字母均以一般英語方式發音。

a	flat	ihr	ear
ah	father	ō	no
ai	there	o	not
aw	saw	oo	food
ay	pay	ow	how
ee	see	u	but
e	let	ă	about
ī	high	izm	tribalizm
i	pity	j	jet

---

agnostic: ag *nos* tik

Allah: *ahl lah*

apocalypse: ă *pah* kă lips

ashram: *ahsh* răm

atheist: *ay* thee ist

atma: *aht* mă

bhakti: *bahk* tee

bhikkuni: *bik* oo nee

Boddhisatva: bō dee *saht* vah

charisma: kar *iz* mă

dharma: *dahr* ma

ecumenism: ek *yoo* men izm

Eucharist: *yoo* kă rist

gurdwara: *goor* dwah ră

guru: *goo* roo

hajj: hahj

karma: *kahr* mă

Mahayana: mah hah *yah* nah

nirvana: nihr *vah* nă

Qur'an: kōr *an*

rabbi: *ra* bī

samadhi: să *mah* dee

Sanatana dharma: sah *nah* tah nah *dahr* mă

sura: *soo* ră

syncretism: *sing* krăt izm

Theravada: thai ră *vah* dă

Torah: *tō* rah

Vedas: *vay* dăz

zaddik: *zah* dik

參考書目

Chapter 1

HAROLD COWARD, *Sacred Word and Sacred Text: Scripture in World Religions* (Maryknoll, New York: Orbis Books, 1988)
A helpful analysis of both faithful and scholarly approaches to the scriptures of major religions.

KITTY FERGUSON, *The Fire in the Equations: Science, Religion and the Search for God* (New York: Bantam Books, 1994)
A highly readable and interesting survey of contemporary science and the dialogue now opening up between science and religion.

JOHN KELSAY and SUMNER B. TWISS, *Religion and Human Rights* (New York: The Project on Religion and Human Rights, 1994)
Relevant scholarship on militant "fundamentalism."

URSULA KING, *Women and Spirituality: Voices of Protest and Promise*, 2nd edn (University Park, Pennsylvania: The Pennsylvania State University Press, 1993)
A survey of the many ways in which feminism is affecting religion.

WILLIAM E. PADEN, *Interpreting the Sacred: Ways of Viewing Religion* (Boston: Beacon Press, 1992)
A gentle journey through perspectives on the study of religion.

NINIAN SMART, *The World's Religions*, 2nd edn (Cambridge, UK: Cambridge University Press, 1998)
Religions understood through world history, and as constantly developing systems of belief.

Chapter 2

JULIAN BURGER, *The Gaia Atlas of First Peoples: A Future for the Indigenous World* (New York: Doubleday Anchor Books, 1990)
A global survey of the efforts of indigenous peoples to protect their fragile rights and environments.

HARVEY COX, *Fire From Heaven: The Rise of Pentecostal Spirituality and the Reshaping of Religion in the Twenty-first Century* (Reading, Massachusetts: Addison-Wesley Publishing Company, 1995)
A major Christian theologian describes the importance of the Pentecostal movement.

FRED EPPSTEINER (ed.), *The Path of Compassion: Writings on Socially Engaged Buddhism* (Berkeley, California: Parallax Press, 1988)
Leading Buddhists describe specific ways in which practitioners of the religion are becoming deeply involved in alleviating social problems.

MARY PAT FISHER, *Living Religions*, 3rd edn (Upper Saddle River, New Jersey: Prentice Hall, 1997)
An appreciative inside look at the world's religions, with particular emphasis on how they are practiced today.

YVONNE YAZBECK HADDAD (ed.), *The Muslims of America* (New York and Oxford: Oxford University Press, 1991)
Muslim and non-Muslim scholars discuss the relationships between Islam and American society.

SUSANNAH HESCHEL (ed.), *On Being a Jewish Feminist* (New York: Schocken Books, 1995)
A collection of writings exploring ways of being both a feminist and an observant Jew.

JAMES R. LEWIS (ed.), *Magical Religion and Modern Witchcraft* (Albany, New York: State

University of New York Press, 1996)
Accounts of Neo-paganism by practitioner-scholars.
SEYYED HOSSEIN NASR, *Traditional Islam in the Modern World* (London and New York: Kegan Paul International, 1987)
A major Muslim scholar surveys the responses of Islam to modernization.
JACOB K. OLUPONA (ed.), *African Traditional Religions in Contemporary Society* (New York: Paragon House, 1991)
Insightful essays on African traditions as they are practiced in today's social contexts.
MADHURI SANTANAM SONDHI, *Modernity, Morality and the Mahatma* (New Delhi: Har-Anand Publications, 1997)
Brilliant study of the impacts of modernization on traditional Indian religious ways.

Chapter 3

MIGENE GONZALEZ-WIPPLER, *Santeria: The Religion*, 2nd edn (St. Paul, Minnesota: Llewellyn Publications, 1996)
An anthropologist and Santeria initiate describes the usually hidden ways of this syncretistic faith.
JEFFREY K. HADDEN and ANSON SHUPE (eds), *Prophetic Religions and Politics: Religion and the Political Order* (New York: Paragon House, 1986)
Extremist, charismatic, and millennial groups' involvements with politics.
TIMOTHY MILLER (ed.), *America's Alternative Religions* (Albany, New York: State University of New York Press, 1995)
Forty-three case studies of new religious movements.
TIMOTHY MILLER (ed.), *When Prophets Die: The Postcharismatic Fate of New Religious Movements* (Albany, New York: State University of New York Press, 1991)
Interesting case studies of the processes by which new religions have perpetuated themselves or declined.

Chapter 4

JOEL BEVERSLUIS (ed.), *A Sourcebook for Earth's Community of Religions*, rev. edn (Grand Rapids, Michigan: CoNexus Press, 1995)
Like the Chicago Parliament of the World's Religions, for which it was originally written, this provides a diverse sample of short articles on old and new religions with reference to today's social issues.
MARCUS BRAYBROOKE, *Faith and Interfaith in a Global Age* (Grand Rapids, Michigan: CoNexus Press, 1998)
One of the world's foremost organizers of interfaith dialogue personally surveys all aspects of the movement.
WILLIAM CENKNER (ed.), *Evil and the Response of World Religion* (St. Paul, Minnesota: Paragon House, 1997)
Interesting discussions of the ways in which many religions have explained the existence of evil and suffering in the world.
MARTIN FORWARD (ed.), *Ultimate Visions: Reflections on the Religions We Choose* (Oxford, UK: Oneworld Publishing, 1995)
Interesting personal essays by leading scholars and theologians about why they prefer their religion over others, presented in a context of interfaith appreciation.
LARRY D. SHIN (ed.), *God: In Search of the Divine: Some Unexpected Consequences of Interfaith Dialogue* (New York: Paragon House, 1987)
Scholars of various religions compare their concepts of ultimate reality.
KEITH WARD, *Religion and Revelation* (Oxford: Clarendon Press, 1994)
A leading Christian theologian looks at the concept of revelation from an interfaith perspective, in Christianity, Judaism, Islam, Hinduism, and Buddhism.

中文索引

ion 41
對樹木的膜拜 tree worship 54
瑪利亞(聖母) Mary 84
福者之歌（印度教經典） Bhagavad
　Gita 37
福音 gospel 84-89, 90
福音傳道 evangelism 90
種族主義 racism 42
網際網路 internet 31, 32-33, 34
維威卡南達，史瓦米 Vivekananda,
　Swami 128
領袖魅力的領導風格 charismatic
　leadership 82, 111-12, 97

十五劃

儀式派哈西德主義 Lubavieher Ha-
　sidism 81-84
摩西 Moses 78, 95, 97, 111, 113
摩門經 Mormon, The Book of 114-6
歐秀法，撒慕爾 Osehoffa, Samuel
　138-40
歐里夏 orishas 124-126
遷徙 migration 28, 82

十六劃

儒教 Confucianism 51
穆克坦南達，史瓦米 Muktananda,
　Swami 127-30
穆罕默德 Muhammad 95, 97, 110, 113,
　130
穆罕默德，瓦利斯·狄恩 Muhammad,
　Warith Deen 102

穆罕默德，伊利亞 Muhammad, Elijah
　101
穆哈默德 Muhammad, W.F. 101
穆勒，羅伯 Muller, Robert 165
諾亞 Noah 78, 97
諾亞律法 Noachide Laws 78
錫克教 Sikhism 28, 32, 41, 51, 77
霍金，史蒂芬 Hawking, Stephen 45

十七劃

彌賽亞 messiah 84, 86
應許之地 promised land 78
濕婆 Shiva 128
瞭望塔雜誌 Watchtower, The 121,
　123
禪宗佛教 Zen Buddhism 72
聯合宗教運動 United Religious
　Initiative 160
聯合國 United Nations 161
韓國 Korea 134
齋月(伊斯蘭教) Ramadan 98

十八劃

禮讚克里希納教派 Hare Krishna 29,
　112
舊約聖經 Old Testament 77, 84
藏傳佛教 Tibetan Buddhism 30, 72,
　123
薩巴，費里布茲 Sahba, Fariburz
　156-7
薩爾烏達耶 Sarvodaya 74-6
薩德(希伯來語) zaddiks 81

英文索引

宗教的世界1

廿一世紀宗教
Religion in the Twenty-first Century

作者	瑪麗·派特·費雪（Mary Pat Fisher）
譯者	尤淑雅
主編	王思迅
責任編輯	張海靜　潘永興　王文娟
封面設計	徐璽
電腦排版	冠典企業有限公司
發行人	郭重興
出版	貓頭鷹出版社股份有限公司
合作出版	世界宗教博物館發展基金會
發行	城邦文化事業股份有限公司
	台北市信義路二段213號11樓
	電話：（02）2396-5698
	傳眞：（02）2357-0954
郵撥帳號	1896600-4　城邦文化事業股份有限公司
香港發行	城邦（香港）出版集團
	電話：（852）2508-6231
	傳眞：（852）2578-9337
新馬發行	城邦（新馬）出版集團
	電話：（603）2060-833
	傳眞：（603）2060-633
印刷	成陽印刷股份有限公司
登記證	行政院新聞局版北市業字第1727號
初版	1999年12月
定價	180元

國家圖書館出版品預行編目資料

廿一世紀宗教／瑪麗‧派特‧費雪（Marv Pat
Eisher）著：尤淑雅譯　　初版　　臺北市
：貓頭鷹出版：城邦文化發行，1999，民88
　　　面；　　公分‧--（宗教的世界：1）
參考書目：面
含索引
譯自：Religion in the Twenty First
　　　century
ISBN 957-0337-33-8　　（平裝）

1.宗教

200　　　　　　　　　　　　　　　　88016742